艺润稚慧　美泽童心

—— 惠州民间艺术活动案例集 ——

陈秀珍　主编

黄河出版传媒集团
阳光出版社

图书在版编目（CIP）数据

艺润稚慧　美泽童心：惠州民间艺术活动案例集 /
陈秀珍主编. -- 银川：阳光出版社，2020.7
　　ISBN 978-7-5525-5343-7

Ⅰ. ①艺… Ⅱ. ①陈… Ⅲ. ①艺术教育－学前教育－
教案(教育) Ⅳ. ①G613.6

中国版本图书馆CIP数据核字(2020)第106158号

艺润稚慧　美泽童心：惠州民间艺术活动案例集

陈秀珍　主编

责任编辑　贾　莉刘　涛
封面设计　李拥华
责任印制　岳建宁

黄河出版传媒集团
阳光出版社　出版发行

出 版 人　薛文斌
地　　址　宁夏银川市北京东路139号出版大厦（750001）
网　　址　http：//www.ygchbs.com
网上书店　http：//shop129132959.taobao.com
电子信箱　yangguangchubanshe@163.com
邮购电话　0951-5014139
经　　销　全国新华书店
印刷装订　成都兴怡包装装潢有限公司
印刷委托书号　（宁）0017449

开　　本　880mm×1230mm　1/16
印　　张　15.625
字　　数　210千字
版　　次　2020年8月第1版
印　　次　2020年8月第1次印刷
书　　号　ISBN 978-7-5525-5343-7
定　　价　58.00元

序 言

幼儿园课程如何结合幼儿的实际生活，让幼儿通过直接感知、实际操作和亲身体验获取经验，并进而让幼儿度过快乐而有意义的童年，这不仅是《3～6岁儿童学习与发展指南》（以下简称《指南》）提出的幼儿教育目标，也是在幼儿园教育实践中需要探索的重要问题。

在《指南》和《幼儿园工作规程》等文件的指引下，惠州市惠阳区直属机关幼儿园（以下简称惠阳机关幼）结合本园在课程建设方面丰富的实践经验和扎实的研究基础，在艺术领域进行了持续的探索，开展了"本土民间艺术在幼儿园美工区挖掘利用的实践研究"。基于《指南》中提出的指导思想，"幼儿艺术领域学习的关键在于充分创造条件和机会，在大自然和社会文化生活中萌发幼儿对美的感受和体验，丰富其想象力和创造力，引导幼儿学会用心灵去感受和发现美，用自己的方式去表现和创造美。"惠阳机关幼艺术领域的课题组成员在长期探索的基础上，充分挖掘惠州这座文化历史名城的民间艺术资源，结合幼儿身心发展特点，精心选择了对幼儿发展有正面影响且独具本土文化特色的美术内容，包括但不限于剪纸、编织与龙门农民画等，用于拓展美工区域活动，并凝练成了具有推广价值的实践研究成果。该研究成果的价值集中体现在以下两个方面。

首先，该研究有助于进一步丰富幼儿园课程资源。幼儿园课程建构与幼儿学习过程"要珍视游戏和生活的独特价值"。以游戏为基本形式的幼儿学习活动，需要经验、环境和材料的支持。幼儿园和家长通过创设条件，让幼儿有机会在日常生活中浸润本土民间艺术，在亲身感受的过程中获得实际经验，这些经验，便构成对幼儿学习的支持。例如，惠阳机关幼位于西湖边，西湖中的许多著名景点，如平湖秋月、玉塔微澜、花洲话雨、孤山苏迹、苏堤玩月、留丹点翠、荔浦风清、芳华秋艳、丰渚孝感等，都彰显了优秀的民族文化。教师和家长带幼儿观察这些景点，为幼儿的美术创作提供了丰富的经验和素材，拓展了幼儿和教师的视野，丰富了主题活动的内容。如中班老师在引导幼儿分享对西湖的观感之后，和幼儿在美工区共同设计了"家乡的桥别样美"的主题活动，幼儿采用编织、剪纸、农民画等不同方式，表现家乡桥的美。大班老师组织幼儿在班级美工区绘制的农民画《西湖》，也是巧妙地将本土民间艺术融汇到美术活动中的典型案例。

其次，该研究有效促进了幼儿和教师的同步成长。让幼儿享受有质量的学前教育，既是党和政府的目标，也是家长的期待，更是教师的愿望。幼儿的品质和能力的提升，是幼儿园办园质量的核心表现。惠阳机关幼的老师们，在引导幼儿认识家乡本土艺术的过程中，润物细无声地陶冶了幼儿对家乡的认识和热爱。"我喜欢弯弯曲曲的九曲桥""我喜欢桥上有亭子的望湖亭桥"，这些发自幼儿内心的表述，体现了孩子对家乡朴素的情怀。激发幼儿对生活的热爱，也为幼儿的积极主动学习夯实了基础。幼儿在编织、剪纸、绘画的过程中，不仅发展了精细动作，还在这个过程中养成了细心观察、耐心操作的学习习惯，而更为重要的是，幼儿在美工活动中，提升了创造性思维和多样化解决问题的能力。例如，惠州剪纸是惠州民俗文化重要的表现形式，幼儿在美工区活动中，不仅能采用单色剪纸，也能采用写意剪纸，而且能根据活动的目标，选择使用对称对折、角隅花、边花等不同技法。而教师通过课题研究，在与幼儿的互动探索过程中，也更为注重观察幼儿能力和兴趣的个体差异，注重环境创设的重要性。例如，为了支持中班幼儿开展"家乡的桥别样美"的美工创作活动，教师在美工区不时投放新的材料，"有西湖里的各种桥的图片，有各种大小的牛皮纸条、麻绳、毛线等编织材料"。这些丰富、多样和适宜的材料,有效激发了孩子们的兴趣。在这个过程中,教师的专业能力不断得到提升,真正做到了"教学相长"。

艺术,不仅是美,更体现了生活的品质;本土民间艺术,不仅是爱,更彰显了文化的自信。惠阳机关幼孜孜不倦探索的"美与爱"之路,或许还只是一个开始,但一定有广阔的前景,也值得我们一起携手共进。

是为序言!

华南师范大学教育科学学院副院长

副教授、硕士生导师

2019 年 11 月 16 日

前 言

自 2015 年以来，惠州市惠阳区直属机关幼儿园（以下简称我园）便开始本土化课程构建的探索，并取得丰硕的成果。2017 年，我园成功申报了市级课题——"本土民间艺术在幼儿园美工区挖掘利用的实践研究"。在该课题的研究中，民间艺术特指惠州剪纸、本土编织和龙门农民画等方面的内容，以民间艺术与幼儿园美术区域活动的结合为研究对象，经过不断的探索和实践，逐渐形成了我园本土文化特色课程，实现了课题研究与办园特色的有机结合，开辟了一条"走特色路、办精品园"的发展之路。

我园开展此课题研究的背景，既基于幼儿教育与主流文化的相适应，又基于幼儿教育是幼儿认识世界的第一扇窗，对于构建人生最初的价值观有着重要的影响。因此给本土民间艺术搭建一个平台供幼儿去了解、认识，有着极其重要的意义，在意识形态上给予潜移默化的影响，从而培养孩子们文化自信的心态。

我园坐落于西子湖畔，毗邻中山公园、朝京门、合江楼和东江民俗文化馆，背靠两江交汇处。因此我们有充分挖掘和利用本土文化资源的便利条件，让幼儿去感受、领略、体验本土文化的浓郁风情、优良传统和作为惠州人的自豪。我园有六十多年的文化积淀，大部分教师是本地客家人，对惠州的民间艺术比较了解，因此在活动内容的选择上，不仅局限于理论，更有着自身的感悟和经验。且我园已有课题"利用本土资源拓展区域活动内涵的策略研究"的经验，对地方资源的利用有了一定的探索，积累了一些经验，在此基础上，我们就民间艺术在幼儿园美工区的挖掘利用，做深入的探索，不仅具有一定的现实意义，也有一定的创新价值。

我们的家乡——惠州，全国历史文化名城，一直被誉为"岭南名郡""粤东门户"，历史名城的文化底蕴应当继承发扬。1700多年的文明史，繁衍了大量的民间艺术，其中不少品种独具特色，已入省级、市级"非物质文化遗产"保护名录，在客家地区有一定的影响力。如能有效挖掘利用，这些艺术瑰宝也是对幼儿园课程很好的丰富和补充。

我园以美国教育学家班克斯的多元文化课程理论为突破口，针对主流文化课程时常忽视本土文化课程的经验与历史的现实情况，开发了与本土文化相契合的民俗文化课程，帮助幼儿能更多地理解自己的文化，并能看到它们之间的独特性，进而更好地理解文化间的交流与合作。同时，我园根据高瞻课程、光谱方案等教育思想，精心筛选出优秀的、健康的、积极向上的、正面反映生活的、具有民族特点的本土民间艺术内容，对幼儿进行系统的民间艺术教育。本书围绕"惠州剪纸""本土编织""龙门农民画"三个方面的内容，提炼与整合了适合幼儿的教育素材。本书收集的40余个优秀活动案例，从材料投放、环境创设、预期目标、活动过程及反思等方面，具体地呈现出本土民间艺术在美工区开展的方法，具有很强的可操作性。

老师们经过数年的潜心研究，已有了一定的经验积累，所以希望能通过本书总结课题研究成果，更希望因此能得到更多专家、同行的指导，但编撰出版于我园尚属首次，课题研究也还有许多不足，浮于皮毛，粗浅之见，还请专家、同行不吝赐教！让我们可以不断前行，用行动书写园本课程，用行动践行知行合一。因此，本书的出版，既是总结，也是从新出发，责任与使命就是我们前进的动力，我们相信，今天的收获，将会在不久的明天编织出一幅"喜看稻菽千重浪，倾听幼竹拔节声"的丰收图！

最后，特别感谢各级教育行政部门的鼓励和支持，以及课题研究期间，亲临指导的各级专家，特别感谢郑福明教授、饶淑园教授的指导与帮助。感谢参与课题研究与撰写活动案例的老师们，感谢每一位给予帮助、参与其中的幼教人，向你们致敬！

园长

2019 年 11 月 16 日

编出童趣

剪出创意

温馨家园

编出童趣

　　从人类制造并使用工具开始，编织工艺便开始发展起来，它与劳动人民的生活息息相关。竹编、草编、柳编、藤编、棕编、麻编、葵编等编织工艺，在我国传统的工艺中占有很重要的地位。作为惠州民间工艺之一的竹编艺术，在惠州有着悠久的历史，从原来的生活用品到后来的竹编工艺品，都具有造型朴实大方、雅俗共赏的特点。随着时代的不断发展，人们环保意识不断增强，随着传统编织和现代编织艺术的结合生产出的竹编产品受到人们的喜爱，惠州的竹编艺术将走向世界。

　　编织特色教育活动的前提必须以幼儿发展为本，将课程内容与幼儿成长年龄特点和身心发展规律相吻合，与幼儿的生活经验相一致。我园借课题研究的契机，对幼儿的编织活动进行研究，将编织活动融入到环境创设、主题活动、游戏活动中去，旨在探索编织特色艺术教育，让幼儿通过亲身体验，积累更多的编织经验，热爱编织，关注编织，让编织艺术走进每个幼儿的生活。

惠阳区直属机关幼儿园

·1958·

HUI YANG QU ZHI SHU JI GUAN YOU ER YUAN

艺润稚慧 美泽童心

一、活动背景

春天来了，随处可见蝴蝶飞舞的美景，结合季节特色选择"蝴蝶"为主题进行编织活动。蝴蝶的外形具有对称美的特点，颜色鲜艳、色彩丰富，深受幼儿喜爱。在老师的讲解下，幼儿对"S"型编织有了一定的了解。此次活动难度适中，能够满足幼儿在"编织蝴蝶"过程中产生成就需要。

二、活动预设目标

（一）幼儿能够练习"S"型编织，双手协调进行交叉绕。

（二）通过观察学习和个人练习，熟悉缠绕技巧。

（三）在活动过程中体验成功的乐趣，感受线之美，激发幼儿对编织的兴趣。

三、活动准备

（一）材料投放

雪糕棒、彩色扭扭棒、彩色毛线。

投放材料

（二）环境创设

环境是一种"隐性课程"，为幼儿创设良好的艺术环境能有效地促进幼儿的发展。幼儿园内大环境设置编织作品展示；在环境创设中加入编织元素，如：绕线树枝边框、编织图谱等；在生活区投放编织篮子，供幼儿初步感知编织。

（三）儿童的兴趣和前期经验、教师预期

1. 以故事形式向幼儿讲解编织制品产生的原因及其实用性。教师给幼儿讲解故事，让幼儿了解在原始社会聪明的人类把植物韧皮编织起来托着石头再抛出从而攻击动物，保护自己的同时获得动物皮毛和肉类食物；通过家长帮助幼儿寻找生活中的编织制品，发现原来我们生活中编织无处不在，感受编织制品的多样性；教师带领幼儿参观幼儿园大环境，欣赏编织作品廊作品并进行适当的讲解，让幼儿感受编织艺术之美，激发幼儿对编织艺术的兴趣。

2. 引导幼儿认识编织材料的多样性，如：藤编、草编、竹编，通过触摸、观察竹篮、簸箕等编织制品，感受材料的多样性和编织纹路，鼓励幼儿尝试说出自己的感受；向幼儿介绍美工区投放的编织材料，鼓励幼儿通过拉、拧、揉、缠等动作自由探索材料的特性，提前熟悉编织材料。

3. 艺术源于生活，幼儿通过认识编织艺术，尝试编织激发幼儿对生活的好奇心，能够在生活中分辨编织制品，并乐于与亲人、伙伴分享自己的感受。幼儿看到自己的作品装饰在教室环境里，也能获得成就感，对随后的编织活动能够积极主动参与。

幼儿在编织

（四）操作方法

1. 将两根雪糕棒交叉成"X"型，并用热熔胶固定（热熔胶由老师操作帮助幼儿完成固定）。

2. 幼儿一手捏着雪糕棒，另一只手

抓着毛线在雪糕棒交叉处进行缠绕，直到绕到开口处，再改成"S"型缠绕（在两根雪糕棒之间进行上下、来回缠绕）。期间可以根据需求更换不同颜色的毛线。

3.蝴蝶的一边翅膀绕好后，用同样的方法编织另一边翅膀。

4.收尾装饰：把扭扭棒对折，卡入编制好的蝴蝶中心，并拧出蝴蝶身体及触角的形状。

四、活动过程

（一）活动推进一

1.准备活动

教师在活动前向幼儿提问：（出示雪糕棒和毛线）你们认识这是什么吗？这些材料是什么颜色，什么形状的呢？（出示编织蝴蝶成品）请小朋友看一看，想一想这个编织作品是怎么做的。请幼儿观看教师自制编织技巧教程，引导幼儿从第一视角学习操作技巧。随后告诉幼儿，今天美工区的小朋友就要做小小手艺人，制作编织作品装饰我们的教室。

2.幼儿进美工区操作，教师观察指导

我们班的孩子都想做小小手艺人，通过制作编织作品来装饰我们的教室环境。君君来到了美工区，想做编织蝴蝶。她选择了浅粉和玫红色的毛线开始起头，她想把起头的线头压在雪糕棒上，并用缠绕的方法把线头固定住，但是尝试多次线头都松了。教师观察到君君的线头松动的原因是因为绕线时她的手指一直压在线头上，绕线的时候下意识地避开自己的手，这样也就避开了线头。所以老师轻轻提醒她："君君，你试试把线绕在线头上，然后手指移开后再往上面绕几圈线看看。"她若有所思地点点头，按照老师说的去做并且成功了，君君的脸上露出了满意的笑容。

随后她便开始尝试进行"S"型编织，她把雪糕棒立起来，绕线口朝上，在绕线的时候手肘要抬得很高去适应雪糕棒，君君感觉这样操作很不舒服，所以她又把绕线口掉转下来，开口向着捏线的那只手。这样的姿势让她的

操作顺畅了很多，通过这次进美工区活动，她已经能够绕出一半的蝴蝶翅膀了。收拾整理美工区的时候，她还认真地对老师说："我下次来还要做编织蝴蝶，把它做完！"

3. 活动的分析与思考

幼儿在初次操作中遇到问题没有放弃，而是自己尝试解决，说明幼儿的注意力已经投入到活动中。但是因为幼儿是第一次尝试操作，所以对操作技巧不大熟悉，容易在一些环节遇到困难。幼儿在操作中遇到的问题有：（1）起头不会把线头压住；（2）雪糕棒开口方向不顺手。这个问题让我意识到，在介绍活动时，应该考虑到幼儿对操作技巧的认知程度，提前预设幼儿会遇到的问题并在活动前的准备工作中考虑并解决，可以让幼儿多观察起头的操作技巧并及时进行练习；（3）帮助幼儿发现进行编织动作时，雪糕棒的开口方向与操作流畅度的关系。

4. 实施措施

（1）鼓励幼儿向其他幼儿介绍自己的作品，请幼儿做示范，引导幼儿说一说自己是怎么做的。

（2）引导幼儿再次观察编织蝴蝶操作技巧，探索更好的操作方法。

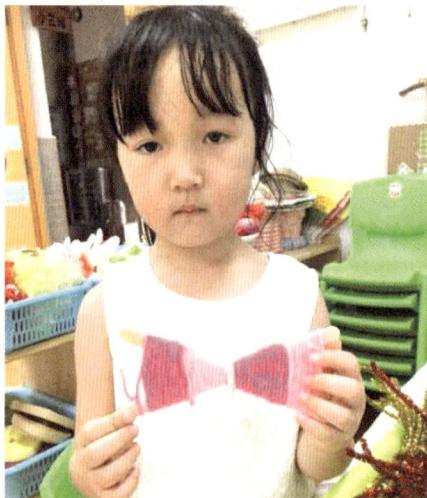

幼儿在编织　　　　　　　　　　　　幼儿作品展示

（二）活动推进二

1.区域活动观察

第二组进入美工区的幼儿有了之前进美工区小朋友的经验分享，这次在美工区操作得更为顺利些。慧慧小朋友选择了美工区，她挑选了自己喜欢的荧光绿和翠绿色的毛线。她顺利起好头后，准备开始进行"S"型编织，但是经过几次尝试她都没有掌握技巧。教师发现，她明显已经理解了此次活动的编织方法，但是两只手的协调性还在调节中，在绕线时，捏线的手一动，拿着雪糕棒的手也不由地转动起来，结果是越绕越乱。她脸上的表情也从一开始的信心满满到现在的疑惑不解。教师提醒她，捏雪糕棒的手不要动，只动捏毛线的那只手，她点点头。慢慢地，她找到了方法，两只手配合度得到了提高，她的脸上露出了愉快的笑容。平时动手能力很强的她，很快就把一只编织蝴蝶做好了。

2.活动的分析与思考

幼儿在积极的操作过程中能够吸取先前小朋友的经验，顺利起好了头，找到了适宜的绕线角度和姿势。但是幼儿操作不熟练，两手的协调性还在发展当中，导致了幼儿已经理解了操作方法但是却越绕越乱。一方面，说明该活动还有进步的空间；另一方面，教师还应多了解幼儿各年龄阶段的发展水平，帮助幼儿建立自信心，鼓励幼儿大胆动手。

3.实施措施

（1）及时表扬和鼓励幼儿，让幼儿产生自信心。

（2）再请美工区幼儿分享自己的操作活动，引导其他幼儿熟悉操作方法。

4.作品延伸

可把作品与绘画组合，营造"蝴蝶丛中飞"的景象。随后可根据幼儿的操作熟练程度，变换雪糕棒的组合方式，例如：编织小鱼，让作品种类更丰富一些。

幼儿作品

五、活动反思

（一）活动的特点和幼儿学习发展的价值

编织艺术起源于原始社会的生产需要，随着生活水平的提高，人们开始对编织制品有了欣赏追求。而科技的发展，工业技术的进步，编织制品的使用范围大大缩小，编织工艺品的普及程度低，导致编织工艺逐渐淡出一代又一代中国人的生活。此次活动意在传承中国民间艺术，开展惠州编织活动，鼓励新一代的惠州幼儿关注家乡民间艺术文化。通过研究，设计适合幼儿的编织活动，让他们参与到编织工艺的实际操作中，从而促进幼儿的动手能力，满足幼儿的审美需求，萌发对家乡的认同感和归属感。

（二）活动反思

在小班本土民间艺术"编织蝴蝶"活动开展的一段时间里，幼儿积极进美工区进行编织活动，经过多次练习，幼儿从"不敢下手"发展到操作得"游刃有余"，为随后的编织活动打下了基础。此次活动中，幼儿通过自己的操作，完成的作品展示效果好，他们也做了一名"小小手艺人"，装扮了自己的教室，幼儿的成就感得到了满足。

结合幼儿的发展特点，积极积累相关素材，掌握编织的技巧，再大胆设计活动。预设幼儿的表现，不断地改良活动流程，才能让幼儿更好地参与到活动中，实现活动目标。

作品展示

无纺布编织
小班编织活动
陈 颖

一、活动背景

　　小班孩子接触编织的时间还不长，孩子们玩过绕线、穿鞋带、穿线板、拧毛根等简单的编织玩具。孩子们对已经掌握了玩法、经过多次练习的玩具没有兴趣了，觉得这些玩具简单了。根据幼儿的实际情况，教师准备了无纺布卡通编织教具，通过实物、多媒体等不同展示形式让孩子欣赏一些简单的无纺布编织作品，引起孩子们好奇心及浓厚的编织兴趣，让孩子有学习、探索的欲望。

二、活动预设目标

　　（一）利用无纺布编织教具，教幼儿学习一上一下的编织方法。
　　（二）促进幼儿手眼协调的能力及小肌肉群动作的灵活性。
　　（三）让幼儿喜欢编织，体验编织活动的乐趣。

三、活动准备

投放材料

（一）材料投放

无纺布编织教具。

（二）环境创设

摆设各种材质的立体编织作品及平面编织。

四、活动过程

（一）活动推进一

1.介绍新的操作材料

教师出示无纺布编织作品让幼儿欣赏，并播放操作视频，请他们观看后说说编织作品是如何编织的。接下来教师给幼儿介绍编织的方法：将第一根编织条从图形的底部开始穿插，一上一下编织，第二根从上面开始编织，以此类推。编织时要按照从下到上，从左到右的顺序进行有序编织。

2.区域活动观察

孩子们挑选到喜欢的图案后，迫不及待地要进行编织了。佳佳选择了一个手提袋的图案，淇淇选择了手帕的图案，她们都很专注地进行编织。可是我仔细观察发现，佳佳和淇淇是在随意穿插。看到这个情况后，我让孩子们先停下来看我示范一遍，接着让孩子们跟着我一步一步学习，佳佳慢慢地掌握了其中的规律。这时淇淇停下来了请求我的帮助："老师，我不会，请您来帮我。"我答应淇淇，开始手把手教她编织，学习过后，她能自己试着编，不用老师帮忙了。

3.活动分析

在幼儿操作过程中教师发现这个活动对于小班幼儿来说还是很有难度，不是那么容易就能掌握。当发现孩子们操作过程中出现的问题时，教师请孩子们跟着教师一步一步学习，孩子们表现出的态度是积极的，而且很用心地学习。佳佳很快就找到了规律，掌握了方法。淇淇虽然没有马上学会，但她能如实跟老师说自己不会并且及时请老师帮助她，说明她愿意克服自己遇到的困难。

4.活动调整

在练习编织时可以配上一些朗朗上口的儿歌，让幼儿跟着儿歌提示进行编织。

（二）活动推进二

1. 区域活动观察

从无纺布编织教具中，佳佳拿了一个心形教具，淇淇拿了一片叶子教具。在动手编织之前，她们俩一起把编织儿歌复习了一遍，接着就开始编织了。跟着儿歌进行编织，孩子的思路清晰了很多，已经没有随意穿插的现象，基本上能跟着儿歌按照上下穿插的规律编织，很快她们就把自己手上的图形编织好了，但两个作品都有漏编的地方。

2. 活动分析

有了儿歌的辅助，孩子在编织过程中思路清晰了许多，随意穿插的现象已经不存在了，孩子能跟着儿歌进行编织，把编织作品完成。孩子们都是刚学会编织方法，动作不够熟练，偶尔还是会出现漏编的现象。

3. 活动调整

（1）让孩子平时有空可以多练习，巩固编织的技巧。

幼儿操作活动

（2）在材料篮里放置作品图片，供幼儿编织好作品后进行对照，检查自己是否有漏编。

五、活动反思

卡通无纺布编织教具颜色鲜艳、造型可爱，深受幼儿喜爱，符合小班幼儿的年龄特点及发展水平。通过练习编织从而提高幼儿的手眼协调能力及训练手部精细动作的发展。接下来我们会努力挖掘符合在幼儿园美工区的编织活动，寻找更多新颖、有趣、安全且便于儿童操作的教具投放到区域，让幼儿可以多学、多练，掌握不同的编织方法，积累更多的编织经验，让编织技艺贯穿到幼儿的生活当中。

绕纸圈

小班编织活动

苏海茵

一、 活动背景

在幼儿园日常美工活动中，会产生许多用完的胶纸圈，如何在美工活动中利用这些废旧的纸圈呢？小班幼儿刚接触编织活动，对编织的认识较模糊。小肌肉群的发育还不完善，虽然绕纸圈不要求幼儿按照一定规律进行缠绕，但又存在一定难度。在"绕纸圈"活动过程中鼓励幼儿大胆进行随意缠绕的同时，为编织认识打下基础。

二、 活动预设目标

（一）能够捏住纸圈，控制麻线进行缠绕。
（二）通过个人练习和观察，熟悉缠绕技能。
（三）在活动中体验成功的快乐，激发幼儿对编织的兴趣。

三、活动准备

（一）材料投放

收集用完的双面胶纸圈、透明胶纸圈，并

投放材料

在外圈贴上一层双面胶。准备彩色纸藤数卷。

（二）操作方法

1. 将纸圈外层双面胶保护膜揭下，把纸藤一头粘在双面胶上固定。一手捏着纸圈，另一只手抓着纸藤进行切圆式缠绕。

2. 收尾装饰：在缠绕好的纸圈外再粘上一层双面胶，把纸藤有序地在纸圈外圈环绕一层。

小朋友在绕纸圈

四、活动过程

（一）活动推进一

1. 准备活动

教师在活动前向幼儿提问：你们认识这是什么吗？这些材料是什么颜色，什么形状的呢？（出示纸圈和纸藤）请小朋友看一看、想一想，这个编织作品是怎么做的？（出示绕纸圈成品）请幼儿欣赏操作技巧视频，再请幼儿动动小手一起来转动手腕，尝试绕一绕的动作。

2. 教师观察

霖霖小朋友选择了美工区，她挑选了自己最喜欢的粉红色纸藤，拿起纸圈想要开始缠绕。开始时，她还没把双面胶保护膜撕下，把纸藤在纸圈上面缠绕了几次，纸藤都滑掉了，她有些沮丧地看着纸圈，之后发现自己还没撕下双面胶保护膜。撕掉保护膜后，她就开始缠绕了，起初她缠绕的路径能经过纸圈的圆心，但绕着绕着纸藤就绕在纸圈边缘，边缘的纸藤变得松松垮垮，轻轻一碰就脱离纸圈，霖霖发现了这一问题，就把纸藤用力地按在双面胶上，把纸藤固定好了。

3. 活动的分析与思考

幼儿在初次操作中遇到问题不仅没有放弃，而且是自己尝试解决，说明幼儿的注意力已经投入到活动中。但是幼儿因为第一次尝试操作，所以对操作流程不太熟悉，容易遗漏一些环节。在随后的缠绕操作中因为对"圆"的特点不够了解，没有意识到纸藤绕到圆圈边缘容易滑脱。此次活动让我意识到，在介绍活动时，应该考虑到幼儿对操作材料的形状及其特点的认知程度，提前引导幼儿感知操作材料的特性。

4. 实施措施

（1）鼓励美工区幼儿拿着自己的作品向其他幼儿介绍，请幼儿做示范，引导幼儿说

小朋友在绕纸圈

一说自己是怎么做的。

（2）引导幼儿深入认识"圆"，感知圆面是光滑的，没有角，不能卡住纸藤。

（二）活动推进二

1.区域活动观察

第二组进美工区的幼儿有了之前进美工区小朋友的经验分享，这次在美工区操作得更为顺利些。陶陶挑选了绿色的纸藤，很快就把双面胶膜揭下，把纸藤一头粘了上去。他慢慢地抓着纸藤进行缠绕，这次他没有像霖霖一样把纸藤绕在了纸圈边缘，绕线路径都非常接近圆心，但是他在缠绕过程中不敢用力，没有把纸藤拉直扯紧，导致纸藤缠绕得较乱，编织纹路不清晰。随后他操作熟练了，速度也加快了，很快，纸圈就绕满了，但他发现因为纸藤没有拉紧，绕好的纸圈也松松垮垮的，总有一些纸藤突出来。子言发现了这个问题，他用手去拉扯纸藤，但是无论怎么调整，总有突出的纸藤。

2.活动的分析与思考

幼儿经过观察和尝试，操作熟练程度得到了提高。如前期幼儿在缠绕时没有把线拉直，没有把线尽量经过圆心；而第二组操作的幼儿慢慢克服了这两个问题，说明幼儿操作不熟练有一部分原因是对操作材料和技巧不熟悉。而此次活动难易程度适中，只是幼儿需要更多地练习。

3.实施措施

（1）鼓励更多的幼儿进美工区进行操作，多练习操作技巧。

（2）及时给予幼儿肯定和表扬，请操作过的幼儿分享自己的操作过程。

4.作品延伸

教师收集幼儿作品后，可以组合起来做吊饰，也可以与海绵纸等材料组合拼做成小动物摆件。随后可根据幼儿的操作熟练程度，增加不同尺寸的纸圈，让作品展示更有层次感。

五、活动反思

　　幼儿在此次活动中，展现了很强的学习能力，在不断的练习中推进活动的开展，而作品的效果越来越好。但是教师在前期设计活动时应该考虑到幼儿对材料的材质、形状等的了解，并预设好活动时幼儿可能会遇到的问题。在随后的活动设计过程中，教师本人应提前尝试操作，了解此次活动的可操作性和操作技巧，为随后指导幼儿进行活动打下基础。

幼儿作品

绕瓶子

小班编织活动

翁燕娜

一、活动背景

小班年龄段的幼儿，手部的小肌肉活动还不够灵活。对于编织活动只能从简单的绕绳活动开始。选择绕瓶子来让小班的幼儿初步尝试了解编织活动，锻炼他们的精细动作，发展小肌肉的灵活性，为以后开展编织活动打好基础。

二、活动预设目标

（一）幼儿能够根据教师提供的材料进行绕瓶子活动。

（二）在绕线活动中孩子可以根据已有动作，重复观察，不断地练习，也让他们初步尝试编织的活动。

（三）通过在瓶子上绕麻绳的活动增强孩子对编织活动的兴趣。

三、活动准备

（一）材料投放

瓶子（塑料瓶或者玻璃瓶）、麻绳、双面胶，装饰瓶子材料。

投放材料

（二）环境创设

各种编织工艺品、大班级幼儿制作的各种编织作品，可以是挂饰、吊饰或者摆饰。

幼儿作品

四、活动过程

（一）活动推进一

1. 谈话活动

教师在活动前向幼儿提问：（出示一个完成的绕瓶子作品，让幼儿观察）小朋友们，你们喜欢这样的瓶子吗？它和普通的瓶子有什么不同的地方吗？请幼儿观察后说一说。并让幼儿观察教师是如何进行绕瓶子的。

2. 幼儿进区活动，教师观察指导

对于绕瓶子的活动，孩子们是第一次接触，大家都跃跃欲试，对绕瓶子活动的兴趣非常浓厚，但是一开始绕瓶子就遇到了问题，部分孩子在撕下双面胶的时候，把整个双面胶都撕下来，以至瓶子没有任何的粘贴物，无法进行绕瓶子活动。于是，我引导孩子们，在撕双面胶的时候，要看清楚双面胶是有两层的，我们只需要把外面白色的那层纸撕下，露出一层透

明的黏胶在瓶
子上，那就是
正确的，这样
才可以进行下
一步的绕瓶子
活动。经过教
师的引导，孩
子们基本上把
这个问题解决
了，但是接下

幼儿在编织

来的绕线又遇到了新的问题，他们不懂得拿着瓶子的顶端，而是直接用手
抓在有双面胶的地方，以至于转动瓶子很困难，也不能很好得一圈一圈地
绕线，出来的效果特别的不好，瓶身清晰可见，绕线错综复杂，他们很纳
闷怎么效果和老师的不一样呢？我让他们回忆一下我是如何绕线的，但是
孩子们都不大记得了。我鼓励他们说没关系，下次进美工区，我们再来尝
试一下，怎样才能绕出和老师一样整齐的线。

3. 活动的分析与调整

孩子们第一次接触绕瓶子，状况百出，教师不必着急，只要给孩子们
耐心的引导，孩子们慢慢地会解决这个问题。在绕线活动中的问题就更多
了，转动瓶子很困难，也不能很好得一圈一圈地绕线，瓶身清晰可见，绕
线错综复杂，但是教师也没有必要急于求成，应该让他们耐心地尝试，在
错误中总结经验，找到正确的方法。教师在活动准备前让幼儿观察过绕瓶
子的过程，但是幼儿缺乏活动经验，并没有留心观察教师绕线时的一些小
技巧，所以让他们回忆的时候，他们都没很好得想起来。但是经过这次的
进美工区活动后，他们已经有了绕线的经验，再观察教师绕线时，会有目
的性地去观察。

4. 调整措施

（1）准备绕线的步骤图卡，让孩子观察绕线流程，技巧处用红圈标注。

（2）多次练习，熟能生巧。

（二）活动推进二：幼儿初步掌握绕线方法

1. 谈话活动

小朋友们，我们来看看之前进入美工区小朋友的绕瓶子作品，你们发现了什么？为什么会这样？（孩子们自由讨论回答）我们应该如何做才能绕出排列整齐的线呢？我们先来仔细观察一下老师是怎么做的，再让幼儿观察。今天老师还准备了一些绕线的步骤图卡，你们也可以仔细地观察图卡。

2. 幼儿进区活动，教师观察指导

经过第一次活动的经验，孩子们在第二次活动的时候相对于第一次，进步还是比较大的。今天进区的是桐桐、思思和煊煊，他们三个孩子的绕绳子活动开展得比较有序，他们能够自主地撕下双面胶，然后跟着步骤图卡进行一步一步地操作。有了步骤卡的帮助，之前的绕线的难题迎刃而解，而且孩子们更加专注在自己的作品制作上，他们把一个瓶子绕好后，加上自己的喜欢的装饰材料，开心极了，还要求再做一个绕瓶子，觉得特别好玩，有趣。

3. 活动的分析与思考

随着活动的逐步深入，孩子们绕线的能力有了很大的提高，尤其是有了步骤图卡的帮助，孩子们都能积极地投入到自己的绕线活动中，而且在装饰瓶子上都有自己的想法，装饰出不同样式的图案。

4. 调整措施

（1）跟着步骤图卡，学习编织绕线的方法。

（2）能把绕

幼儿在编织

好的瓶子进行装饰。

五、活动反思

陶行知先生指出："孩子能动手，就能促发思维能力。"编织是一项精细的手工劳动，既需要耐心，又需要细心，幼儿编织活动就是让幼儿自己动手，边学、边玩、边做、边想，从而在疑问中迸发思维的火花，在求释中体现创造的萌芽，在操作中达成合作的愿望。而这质疑、释疑、思维、想象、创造、合作，正是幼儿自主探究能力的重要组成部分。

在绕线活动中，除了掌握绕线技能以外，相对还是比较单一、枯燥的活动，所以加入用绕瓶子的方式装饰瓶子，增强了孩子对绕线的兴趣。加上有了步骤图卡的帮助，孩子们能够独立自主地完成一个绕线活动，充分发挥孩子们的主观能动性，对他们专注力的养成也是非常有帮助的。

编织活动是一项从简到难的活动，挖掘孩子感兴趣的编织活动，让孩子们尽量在玩中学习到技能技巧。除了掌握技能外，还可以结合别的活动增加孩子们对编织的兴趣，让孩子们在编织作品中获得灵感，应用到不同的作品编织上，让孩子们在编织的活动中获得更多的乐趣，更多的灵感。

幼儿作品 ◇◇◇

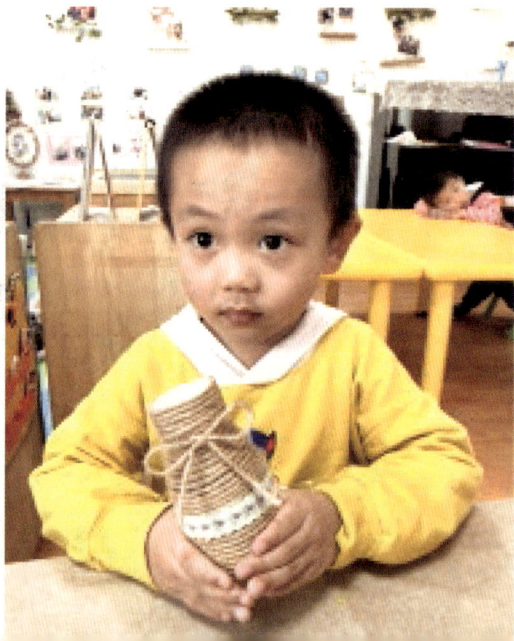

十字编织
小班编织活动
苏海茵

一、 活动背景

十字编织的材料易于收集，可以由木棒、筷子组合而成。孩子们经过一段时间的编织练习，对平面编织有了一定的基础，在此基础上鼓励幼儿大胆尝试有规律的缠绕活动。

二、 活动预设目标

（一）能够按照顺时针 / 逆时针的规律进行缠绕活动。

（二）知道如何进行缠绕，了解缠绕的技巧，发展双手的协调性。

（三）在活动中体验成功的快乐，激发幼儿对编织的兴趣。

三、 活动准备

（一）材料投放

一次性筷子组合成的"十"字架、彩色毛线、缠绕分解图。

投放材料

（二）操作方法

1.将两根一次性筷子交叉成"十"字型，并用铁线固定。

2. 一手捏着十字架，另一只手抓着毛线，在一根筷子上绕一层线，顺着同一个方向把毛线绕到下一根筷子，以此重复。

3. 根据需求更换不同颜色的毛线，由老师帮忙换线。

4. 不断重复绕线，直到把架子绕满。

幼儿在编织

四、活动过程

（一）活动推进一

1. 准备活动

教师在活动前向幼儿提问：你们认识这是什么吗？这些材料是什么颜色，什么形状的呢？（出示十字架子和毛线）请小朋友看一看，想一想这个编织作品是怎么做的？（出示十字编织成品）请幼儿观看教师自制编织技巧流程，引导幼儿从第一视角学习操作技巧。

2. 幼儿进区操作，教师观察指导

柔柔小朋友来到了美工区，想做十字编织。她选择了浅绿和荧光绿的毛线开始操作。她左手拿架子，右手捏着毛线，很顺利就在第一根筷子上绕了一圈毛线，接着，她把线绕到下一根，但是两只手协调不过来，原想转动架子，却变成翻转架子，越绕越乱，她面露难色想要放弃。我发现后，让她再观察老师转动架子的方法，自己不绕线，试试只转动架子，架子转动方向理顺了，就能顺利地操作。

练习一会儿后，柔柔小朋友重拾信心，拿起架子和毛线再次尝试编织，虽然两只手还不够协调，操作速度也比较慢，也绕出了三分之一的作品。

3. 活动的分析与思考

幼儿是第一次尝试缠绕，所以不能很好地掌握缠绕的技巧。幼儿在操作中遇到的问题是因为幼儿的空间思维能力还在发展中，对立体物品的不

幼儿在编织

同转向不理解，导致操作时遇到困难。因此在介绍活动时，应该考虑到幼儿对操作技巧的认知程度，提前预设幼儿会遇到的问题，并在准备工作中顾及这些问题，例如：请幼儿多观察并及时进行尝试；帮助幼儿发展空间思维能力。

4.实施措施

（1）引导幼儿用触摸、旋转等方法感知十字竹架，熟悉架子结构。

（2）鼓励观察十字编织的正面和反面毛线纹理的区别，尝试理解十字编织方法。

（二）活动推进二

1.第二次进区的幼儿有了之前小朋友的经验分享，在美工区操作起来更为顺畅。君君小朋友选择了美工区，她挑选了自己喜欢的浅黄色、黄色和橙色的毛线进行十字编织。有了前期的经验，这次活动中，君君小朋友可以顺利地转动架子并结合捏毛线的右手进行缠绕。但是由于操作不熟练，她常常绕好一根筷子，转动架子准备绕下一根筷子的时候，以为自己没绕

到，又在上一根筷子重复绕了几圈，因此她作品的纹理不够规整。发现问题后，我提醒她不要着急，慢慢来，想好了再绕，绕线之前先观察刚才线先绕在哪一根筷子，然后再绕到下一根筷子。君君点点头，放慢了动作，每次绕线都会稍微停顿，思考下一步的动作。慢慢地，她绕出的线条纹路越来越规整、好看，一次进区活动的时间就做好了一份十字编织作品。

2. 活动的分析与思考

幼儿通过观察别人的操作，不断地理解十字编织的规律，并且通过练习积极形成肌肉记忆，编织速度由慢到快。但是有时候还是因为手眼不协调，在编织过程中出现反复缠绕的情况，影响了作品的整体效果。

3. 实施措施

（1）给予幼儿适当的肯定，让幼儿大胆操作。

（2）请幼儿多加操作和尝试，不断练习编织技巧。

4. 作品延伸

教师可以把幼儿的作品串联起来作为挂饰装饰教室。随后可根据幼儿的操作熟练程度，增加筷子的数量，例如："米"字编织，让作品种类更丰富一些。

幼儿作品展示

五、活动反思

在"十字编织"活动开展期间，幼儿积极进美工区进行编织活动，都想要为教室增添新的装饰品，大部分幼儿在熟悉操作以后，还能够根据自己喜爱的色彩进行搭配，幼儿的成就感得到满足，虽然孩子们的能力水平不一，但都能展现出较好的编织效果，很大程度上能够让幼儿产生成就感，激发对编织的兴趣。

幼儿作品展示

西湖的桥
中班编织活动
刘智玲

一、活动背景

惠州是一个享有"半城山色半城湖"之称的文明之都，其民俗文化源远流长，有着其他城市不能媲美的文化底蕴。我园坐落在西子湖畔，因此，充分利用身边的资源，结合本土文化的艺术技艺，让幼儿去领略、去感受、去体验本土文化的浓郁风情。营造有利于美工区开展的环境，让幼儿产生振奋、愉悦的情绪，与同伴间形成和谐融洽的气氛。

二、活动预设目标

（一）通过欣赏惠州西湖景区里各式各样的桥，感受桥的不同造型的美。

（二）尝试大胆运用各种表现形式和材料把惠州西湖的桥表现出来。

（三）利用投入的各种材料分次、分组合作完成作品，养成良好的操作习惯。

三、活动准备

（一）材料准备

1.欣赏有关西湖的桥的视频、摄影、剪纸等不同表现形式的作品，让幼儿感受惠州西湖的桥的美和各种桥的不同构造。

2.牛皮纸、牛皮纸印刷边角料纸条、彩色纸张、麻绳等废旧材料。

（二）环境创设

1.孩子节假日外出游玩拍回来的桥的相片。

2.展示墙展示桥的各种艺术表现形式。

操作材料

四、活动过程

（一）活动推进一：激发兴趣，导入活动

1.观看西湖视频，感受惠州西湖的桥独特魅力。并提问：这是什么地方？（西新桥、花洲桥、九曲桥等）

幼儿画桥

幼儿用牛皮纸编织，进行装饰

2.欣赏摄影、剪纸、版画、水墨画等不同表现形式的作品。

（1）惠州西湖的桥这么美，我们来看看图片（展示图片供幼儿欣赏），并告诉幼儿把西湖拍下来、把西湖画下来……

（2）惠州西湖的桥这么美，你们想和老师一起来装扮惠州西湖的桥吗？我们班的小朋友在区域学了很多本领——剪纸、编织、画画（出示教师和幼儿在区域共同完成的作品让幼儿欣赏，孩子区域操作PPT引出教师与幼儿合作的惠州西湖的作品），引导幼儿说出作品是用了什么方法，激发幼儿兴趣，引出活动。

（二）活动推进二：画桥

1.观察

出示准备好的画纸，让孩子们尝试利用颜料把桥画出来。大多数孩子已掌握了丙烯颜料的用法，但也出现了一些问题，孩子们在开始作画前没有商量好作画的顺序，按自己的意愿进行作画，把不同的颜色笔混在一起，把颜料盘弄得很脏。

2. 教师介入策略

（1）提出问题：如何才能让画面变得更干净呢，颜料应该如何使用？

（2）解决问题：引导孩子在活动开始前学会商量并分工合作完成作品。

（三）活动推进三：用牛皮纸编织，进行装饰

1. 教师观察内容

（1）画好后的作品进行后期装饰，幼儿是如何进行装饰活动的，期间会出现什么情况，对编织的操作是否能顺利进行。

（2）引导幼儿观察，什么材料才更能突出作品的美。

2. 评价分析

在活动中，当幼儿遇到困难时，教师给予孩子们引导和帮助，逐渐提高孩子们独立完成的能力，提高他们对活动的积极性和主动性。

五、活动反思

家乡的桥是幼儿熟悉又陌生的，可以经常看见但了解甚少，引导幼儿去认识家乡的桥，了解这些桥背后的故事，结合自己家乡本土民间艺术表现形式去表现它。产生对家乡的热爱，对家乡文化的热爱，这对孩子能起到一定的促进作用。

幼儿作品展示

巧手编编编

中班编织活动

张静美

一、活动背景

随着课题的开展，孩子们对本土民间艺术有了更多的了解，班上孩子们对编织也有较浓厚的兴趣。孩子们经过小班的一系列编两股辫活动，到进入中班后已经能熟练地编两股辫，并尝试编三股辫。针对孩子们对探索编三股辫的兴趣，教师在美工区投放了编织材料，开展了编三股辫的活动。

二、活动预设目标

（一）知道编三股辫的基本技巧及会用皱纹纸和稻草编三股辫。

（二）能通过编三股辫活动，进一步发展于眼协调能力和审美能力。

（三）体验编三股辫时所带来的快乐。

三、活动准备

（一）材料投放

幼儿剪刀、夹子、编织器、皱纹纸、玉米衣。

（二）环境创设

1.在美工区创设一个编织角。

2.在美工区展示区展出一些精美三股辫作品。

四、活动过程

（一）活动推进一：学习用皱纹纸编三股辫

1.幼儿进区活动，教师观察与指导

孩子们在进行区域活动中，贝贝、桐桐选择了美工区中编三股辫的材料，她们先整理好皱纹纸，并取一头把三条皱纹纸用一个夹子夹好，然后开始编三股辫。编的时候发现用三条皱纹纸编三股辫时总是容易搞混。贝贝说："这里怎么搞错了？"桐桐说："是哦，我的也好像错了？"两个小朋友拿着皱纹纸反复练习与观察，没有找到原因。于是，我引导她们试一试找三根不同颜色的皱纹纸按顺序、根据图解有规律地进行编织。孩子们经过自己的观察与练习，不一会就找到了方法。经过几次反复练习后，三股辫编得越来越熟练，对编三股辫的编织有了更浓厚的兴趣。

幼儿在编织　　　　　　　　　　　　成品展示

2.活动分析与思考

孩子们知道编三股辫需要三条皱纹纸交叉编织，但刚上手，孩子们还

是掌握不了方法，容易编错而且编得不够紧实。因此孩子们通过对步骤图的观察，反复实践，成功地用皱纹纸编出了三股辫。

3.调整措施

（1）让孩子们在编三股辫时应先观察、欣赏三股辫的半成品及成品。

（2）引导孩子们利用课余时间在编织角自由练习。

投放材料

（3）提供编织器供幼儿操作，让孩子们编三股辫时能把皱纹纸开头部分固定好，编起来更得心应手。

（二）活动推进二：增加难度用玉米衣编三股辫

1.幼儿进区活动，教师观察与指导

　　孩子们有了用皱纹纸编三股辫的成功经验后，想用不同材料编三股辫。于是，老师在美工区投放了玉米衣让孩子们继续探索编三股辫的技巧。在进入区域活动时，芮芮、翠翠在美工区选择了"编玉米衣"。她们先观察了一下玉米衣，然后就准备开始编玉米衣，刚开始编翠翠就停了下来，因为发现玉米衣编三股辫比较难。翠翠说："玉米衣开头这里太多，好难一起编三股辫哦！"芮芮拿过来看了一看说："是有点多，那如果把它们分成三份，编三条三股编看看行不行。"说完芮芮就把整个玉米衣分成三份编起了三股辫，不一会，芮芮用自己的方法把玉米衣编出了三条三股辫，翠翠也跟着用同样的方法编好了三股辫。两个人都体验到了成功的喜悦，又开心地拿起了另一个玉米衣继续编织。

投放材料

幼儿操作

　　2. 活动分析与思考

　　针对孩子出现的问题没有进行直接的指导，先让孩子们通过观察发现问题。芮芮、翠翠两位小朋友都是对编织比较有兴趣并比较熟练编三股辫，但对编整个玉米衣是初次编织，芮芮小朋友能通过自己的观察并勇于尝试，用自己的方法解决了怎样把整个玉米衣编三股辫的难题。

　　3. 调整措施

　　（1）老师应在初期材料投放时先把整个玉米衣按大小分成 2 ~ 3 份供孩子们操作。

幼儿作品

（2）及时组织孩子们的编织作品在班上展出。这样对孩子是一种激励，对其他孩子们来说，也是互相学习的机会。

五、活动反思

　　编织是中华民族的传统工艺，是一种实用性强、表现丰富的艺术。编织能让孩子们在学学、玩玩、想想、做做中激发思维的火花，提高孩子们的观察能力、动手能力、想象能力、审美能力和创作能力。孩子们在美工区区域中经过一段时间学习编三股辫以来，编织活动的魅力在孩子们的进区选择时就可以体现，在进区活动中，编织区的孩子们逐渐增多，对编织兴趣越来越浓厚。但在整个活动中，老师还需更加细心观察引导。因为，孩子们在编织的过程中遇到了困难，如果引导方法不得当，很可能会使孩子们失去编织的兴趣。另外，老师还可提供更多材料，让孩子们尝试用不同材质编织出三股辫，并体验到更多成功的快乐。

蜘蛛网

中班编织活动

邹 婷

一、活动背景

经过小班一年的经验积累，大部分幼儿对编织活动感兴趣，愿意尝试各种编织工具和材料，能够完成简单的上下穿线编织、缠绕玻璃瓶等技法。在一次户外活动中，孩子们偶然发现了一只蜘蛛正在织网，于是激发了他们了强烈的兴趣："蜘蛛是怎样织网的？""蜘蛛网好漂亮啊。"于是，我在美工区投放了编织蜘蛛网的材料，支持幼儿进一步的发现与探索。

二、活动预设目标

（一）能够在以往编织经验的基础上，运用工具、材料和技法，看图示编出蜘蛛网。

（二）促进手指动作的协调和灵敏，培养细心、耐心、专心等良好品质。

（三）喜欢编织活动，在编织过程中获得成就感。

三、活动准备

（一）麻绳、各色粗毛线、细毛线、雪糕棒。

（二）蜘蛛样稿图、剪刀。

（三）编织步骤图。

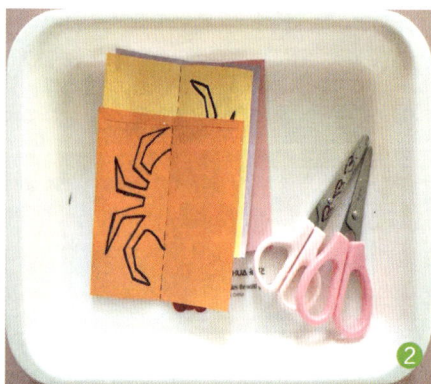

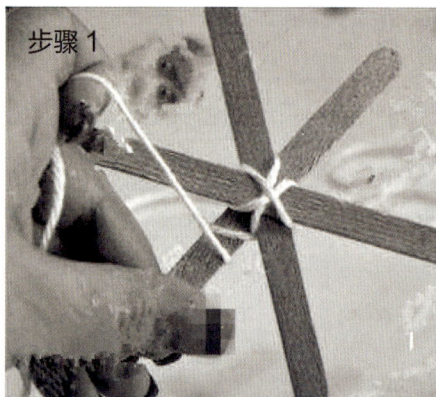

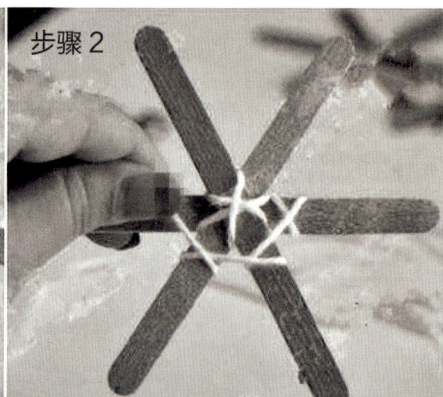

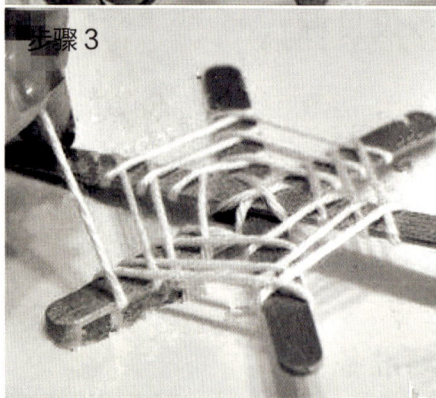

步骤1

步骤2

步骤3

步骤4

图1、图2投放材料　　　　　　　图3示意图

四、活动过程

（一）活动推进一：初步尝试编织蜘蛛网

1.谈话活动

教师在活动前向幼儿提问：

（1）小朋友看到过蜘蛛织网吗？你们知道蜘蛛是怎样织网的吗？我们一起来看一个更清晰的视频。

（2）谁来说说蜘蛛是怎样织网的？今天老师也学蜘蛛织一个网吧，小朋友看看这个网是怎样织出来的？你们想试试吗？

（3）今天老师在美工区投放了蜘蛛织网的架子、麻绳等材料，感兴趣的小朋友可以到美工区选择材料进行操作。完成后可以把你的成品展示给大家看哦！

2.幼儿进区活动，教师观察指导

区域活动中，童童、顺顺选择了蜘蛛织网的材料，用麻绳在架子上打结时，两个孩子就遇到了困难，结怎么也打不紧，一拉就松了。老师介入指导两个孩子打死结的技巧：打完第一次结时要拉紧绳子再接着打第二次结，用力拉，结就打稳了。童童很快掌握了技巧，打稳了结，开始用绳子绕棍子。顺顺仍需要老师的帮助才能打好死结，在绕棍子时，两个孩子都知道绕的方法，童童出现了没有按照顺序绕每根棍子，而且有时会落掉一根棍子没绕到直接绕下一根棍子的情况。老师引导她每绕完一根棍子后要观察一下，确认好再绕下一根棍子。这时，顺顺皱着眉头在扯绳子。我一看，原来他的编织麻绳打结了，他想解开，却总是解不开。他向我求助："老师，我解不开绳子。"一边递过绳子来。我指着打结的地方："你总扯不开是因为绳子在这一块打结了，你要看清楚绳子打结的地方在哪里，它是从哪里绕进去的，又是从哪里绕出来的，才解得开这个结，直接扯它可没有用。"他听了点点头，仔细查看编织架。我又鼓励他小心地把绳子的一端先绕回去，没一会儿，他就解开了绳子，然后又高兴地接着编织。最终，两个孩子都编了一个有点疏松、有点杂乱的蜘蛛网，他们很自豪地把成品

幼儿操作活动

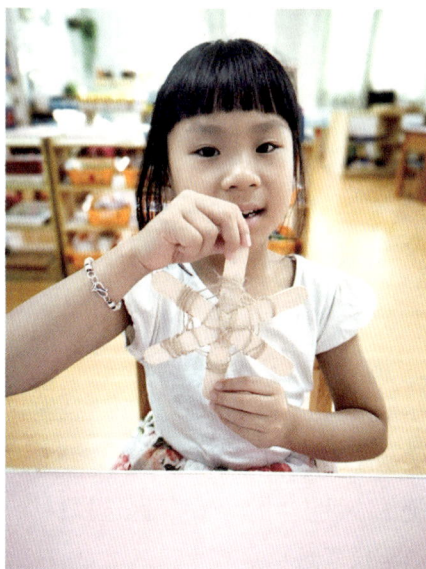
幼儿作品展示

给老师看，老师让他们在展示与分享时把编的流程和技巧分享给其他孩子。

3. 活动分析与思考

蜘蛛织网能很好地锻炼幼儿动手能力，是基础编织技巧的材料之一，同时它也能锻炼幼儿的耐心。这两个小朋友都已经有上下穿线和绕线的经验，但对于打死结、解开结，以及连续绕棍子的经验不够，特别对于耐心和动手能力较弱的顺顺来说，能安静地编织完一个网已经是很大的进步。所以在操作中，当幼儿遇到难点和解决不了的困难时，我都会及时介入给予技巧上的指引或提示。当孩子完成他们的编织网时，虽然并不完美和结实，但我也及时给予鼓励并展示出他们的编织作品给幼儿看，以便于更好地激发他们的兴趣。

4. 调整措施

（1）采取"操作示范"法，引导幼儿解决编织技法中打死结、解开结、依次连续绕棍子等难点，帮助幼儿习得必要的技能，从而提高幼儿的积极性以及活动的持久性。

（2）提供更多需要打死结、连续绕棍子的操作材料供幼儿进行练习，如向日葵、雪糕棒蝴蝶等，用不同的材料练习同一种技法，激发幼儿的操作兴趣，掌握基础的技能。

（3）针对毛线容易打结以及丢落的现象，可以在区域中提供塑料袋，在操作前将需要用的线团装进塑料袋里，这样可以减少操作中不必要的干扰。

（二）活动推进二：看图示编织：又紧又密的蜘蛛网

通过一段时间的操作练习，部分幼儿对蜘蛛织网的流程已经比较熟悉，但织出的网很疏和松，于是教师在材料中投放了蜘蛛织网的编织流程图，让幼儿通过看图示编好蜘蛛网。

1. 幼儿进区活动，教师观察指导

今天，彤彤和萱萱选择了蜘蛛织网的材料，萱萱惊喜地说："你看，这里有编蜘蛛网的图片哦！"彤彤说："给我看看，今天我们按照图片来编吧！"两个孩子按照操作图的第一步在架子上打好结，然后按照第二步

幼儿操作活动

幼儿作品展示

绕第一根棍子，第三步是拉绳子的图片，萱萱停了下来，若有所思地说："以前织网时，我没有做过这个动作啊！""是哦，我也没做过。"彤彤边答应着边观察，教师介入引导，每次绕完棍子后用力拉一下绳子，可以让织出的网更紧更结实呢，两个小朋友点点头，继续绕棍子，每绕完一次，都拉紧绳子。由于在操作中增加了拉的动作，孩子需要更细心和认真地完成操作，所用时间也较长。萱萱动作较麻利，彤彤会比较慢和细致。因此在区域活动结束时，萱萱完成了蜘蛛网，彤彤还剩一些未完成。老师引导她们把自己刚织的网和之前编织的网进行比较，她们很快发现在绕过棍子后拉紧了绳子的网比之前没拉紧的网更紧、更密、更结实。两个孩子在展示与分享环节饶有兴致地把自己的新发现告诉其他孩子。

2. 活动分析与思考

萱萱和彤彤的观察能力和操作能力都比较强，在提供了编织图示后，两个孩子都能够认真地按照图示进行操作，在老师进行说明后，能注意每次绕过一根棍子后都拉紧绳子，最终编出了相对较紧密、结实的蜘蛛网，并获得了成功的乐趣。但由于时间所需较长，彤彤的编织网未能完成，放进未完成作品盒后绳子很容易松开，从而导致下次操作时的不便。

3. 调整措施

（1）提供图示和重点处标记可以让幼儿更独立自主照图进行操作，从而解放了老师，让老师腾出更多时间观察和引导其他区域的孩子。

（2）可以提供一些夹子放在编织材料中，当区域活动结束而幼儿没有完成作品时，幼儿可以用夹子来固定线头，使线头不会松散，等再次操作时也便于幼儿找到起始位置。

（三）游戏推进三：美丽的蜘蛛网

班上部分幼儿已经能够较好地用麻绳编好蜘蛛网，教师在编织材料中增加了各色粗毛线、细毛线，还提供了各色"蜘蛛"的剪纸材料，幼儿可以根据自己的喜好选择喜欢的毛线编织美丽的蜘蛛网，还可以剪下自己喜欢的蜘蛛做装饰。

幼儿编织　　　　幼儿彩色编织成品展示

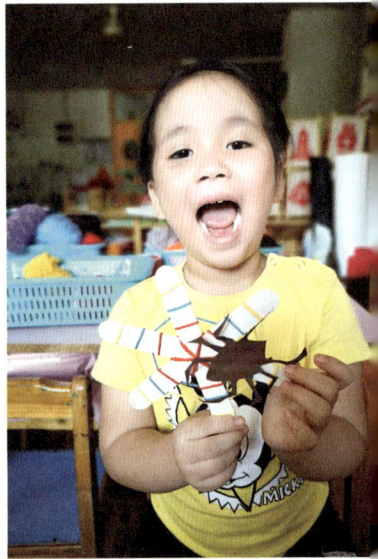

1. 幼儿进区活动，教师观察指导

　　萱萱一进美工区就熟练地拿出了编织蜘蛛网的材料，她看到各色毛线团和"蜘蛛"的剪纸材料，惊喜地自言自语："我最喜欢粉色了，我要剪一只粉色的蜘蛛，再帮它编一个粉色的蜘蛛网。"于是拿起粉色的剪纸材料熟练地按照轮廓线剪起来。坐在旁边画画的澄澄看了看萱萱说："我和你一起来编蜘蛛网吧，我想编一个彩色的最美丽的蜘蛛网。"澄澄首先选了红色的细毛线编完了前面两圈，她又拿起了蓝色的毛线想接着编，但是不知道怎样接起来，试了几次毛线都散开了，她向老师求助。教师引导她先将红色的毛线打结固定，再拿蓝色的毛线在红色毛线打结处绕一圈并打上死结，就可以继续编了。澄澄试了几次后顺利地更换好了颜色，接着加入了黄色，编好了一个彩色的蜘蛛网。萱萱也用粉色的粗毛线编好了一个粉色的蜘蛛网，并把剪好的粉色蜘蛛挂在蜘蛛网上。两个孩子开心地交流起自己的作品来，萱萱说："哇，好漂亮哦！我的粉色漂亮，你的彩色更漂亮哦！"澄澄说："你看我的蜘蛛网毛线小一些（细），中间的洞洞大，

你的毛线大一些，中间的洞洞小哦！真有意思！"

2. 活动分析与思考

萱萱对编织蜘蛛网很有兴趣，已经尝试过很多次了，因此很有经验。澄澄是学习能力特别强并很有自己想法的孩子，她是被老师新投放的各色毛线所吸引的，并且想按自己的想法完成彩色蜘蛛网的编织，在更换不同颜色的毛线时碰到了困难，但能积极寻求帮助并学会了新的技法，最后编出了自己预想中的蜘蛛网。两个孩子能通过比较发现使用的材料颜色不同，粗细不同，编织出的成品也很不一样。

3. 调整措施

（1）在编织材料中投放不同颜色、粗细不同的毛线，可供幼儿尝试更多的编织探索。幼儿会发现把不同颜色的毛线交叉编织，编出的东西更漂亮；用细毛线编出的缝隙比较大，粗毛线编出的缝隙比较小。

（2）和剪纸"蜘蛛"相结合，增强了操作的游戏性和情境性，也能激发幼儿持续编织的兴趣。

（3）在区域活动中，要更多地支持幼儿进行反复地探索和练习，并及时对幼儿进行个别指导，鼓励幼儿相互学习交流，从而巩固了幼儿基本的编织技法，为幼儿的创新提供更有利的机会和条件。

（4）布置编织作品展览区，让幼儿把自己的作品进行展览。

五、活动反思

惠州的传统编织具有造型精巧逼真、朴实大方的艺术魅力，也深为儿童喜爱。把编织艺术引入到区域活动中，让幼儿懂得欣赏编织艺术，了解编织，并在实际的体验过程中，感受编织的魅力。在此活动中，我结合中班幼儿年龄特点及本班幼儿的实际发展水平，让幼儿通过观察蜘蛛网，运用缠绕等方式尝试编织简单的蜘蛛网；再逐步投入图示材料让幼儿独立按照图示编出又紧又密的蜘蛛网，掌握拉线的技能；然后过渡到幼儿可根据自己的喜好选择合适的材料进行编织，并和剪纸相互融合，创设情境，织出有自己创意的蜘蛛网。在此过程中，幼儿的注意力更加集中，手眼协调能力也不断发展，一件一件漂亮的作品从孩子们指间诞生。这使他们不仅体验到了成功的喜悦，而且积累了一定的创作经验，从而更加有信心地主动加入编织的行列中。同时他们也深深地感受到了民间艺术的魅力，从而萌发热爱家乡本土文化的情感。

编织材料"蜘蛛网"在我班美工区已经投放了一段时间，每次区域活动中我们都非常仔细地观察幼儿的活动情况，并进行记录分析。根据幼儿的实际情况投放更适合的材料，从而调动不同层次幼儿的主动性，利用难度的逐层递进，鼓励幼儿进行积极的自我学习，努力使更多的幼儿都能获得满足和成功。但在实践过程中，也碰到了一些困难，如喜欢编织材料的总是那一群幼儿，还有一小部分幼儿特别是男孩子对编织的兴趣不是很浓厚。在以后的工作中，我还需要思考与研究怎样才能激发更多幼儿的编织兴趣，让幼儿获得持续的进步与发展。

有趣的绳编

中班编织活动

谭思瑶

一、活动背景

"绳子"是编织艺术中不可或缺的一种材料，运用广泛，为幼儿熟知。让孩子了解惠州的编织文化，培养孩子爱家乡的情感，我们以编织为基本，创设了与年龄特点相适应的编织活动。以各种各样的"绳子"为低结构游戏的基本材料，在班级创设了一个自主活动的绳编游戏环境，为孩子学习基本编织活动起到重要的作用。

二、活动预设目标

(一) 对绳线状材料感兴趣，会用绳子及辅助材料进行穿、绕、绑、扭、拉等简单的操作活动。

(二) 能够发挥想象，大胆利用绳类材料进行创造性的活动，提高幼儿的动手能力。

(三) 让幼儿在编织中了解惠州本土民间文化，学习合作分享，体验编织活动的乐趣。

三、材料投放

(一) 各种绳线状的材料，例如：毛线、毛根、纸藤、彩色铁丝、麻绳等。

（二）辅助材料：纸皮、牛皮纸、竹子、剪刀等。

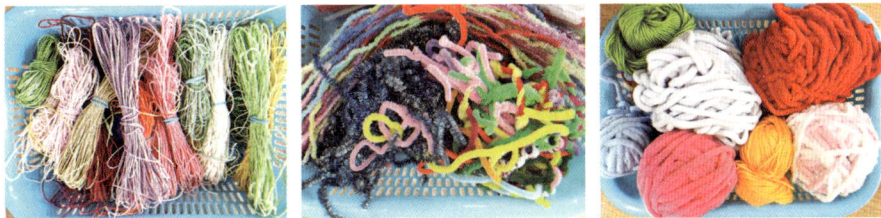

投放材料

四、编织的玩法

　　幼儿根据自己的意愿，选择各区域绳类辅助材料进行穿、绑、扭、拉、编等操作活动，可以一个人进行，可以双人合作，也可以多人一起玩。

五、活动过程

（一）活动推进一

1.观察分析

　　孩子们掌握了绳子的简单玩法，会用毛根捏出各种形状；会用毛线进行缠绕的活动；会用皱纹纸进行两股编。不过玩法比较单一，孩子们活动

幼儿操作

兴趣持续的时间不长。

2. 调整推进

（1）目标的调整：幼儿不仅能利用材料进行简单的缠绕等操作，还能创造性玩出新玩法。

（2）材料的调整：增加牛纸皮、纸皮、剪刀等。

（二）活动推进二

1. 活动观察分析

孩子们对玩绳越来越有兴趣，不仅能熟练进行捏、绕、拉、编等操作，还能进行各种创造性操作，我认为在玩绳的难度上可以进行一个提升，用牛皮纸、纸皮让他们学习上下编织，虽然难度加大，但掌握了上下编织的技巧后，孩子们依然能专注的完成自己的编织。

2. 调整推进

（1）目标的调整：能利用毛线进行编织。

（2）材料的调整：增加树枝、纸皮，让幼儿利用毛线在树枝、纸皮上进行编织活动。

幼儿操作

（3）方式的调整：在家让家长参与玩绳活动，让幼儿学习编织的技能。

六、活动反思

在这个活动中，玩绳游戏千变万化，幼儿在玩的过程中，就是对编织的技能技巧的掌握过程，不仅锻炼了幼儿手指的灵活性，有利于他们自信心、审美能力的培养，也让幼儿更好地了解、接受我们惠州的民间传统文化。

小·小·编织工
大班编织活动
陈 萱

一、活动背景

编织作品不仅外表美观还具有生活实用价值。为了让幼儿了解编织与我们生活密切相连，给我们的生活带来了方便还装点了生活，我们在美工区开展了"小小编织工"的编织活动。通过编织活动，让孩子们了解自己家乡一些传统文化，对家乡文化的传承起到一定的促进作用。

二、活动预设目标

（一）能用毛线进行一上一下的编织，手眼协调操作。

（二）通过观察和练习，掌握编织技巧。

（三）在活动中感受编织的乐趣，让幼儿感受动手操作的成就感。

三、活动准备

（一）材料投放

自制编制板、毛线、编织分解图。

（二）环境创设

美工区的活动环境的创设在幼儿美术活动

投放材料

的发展中起着潜移默化的作用，愉悦的环境，良好的艺术氛围能激发幼儿参与和探索美术活动的欲望。在班级环境的创设上，添加了些编织元素，如：各种编织篮、编织围巾、编织工艺品等，旨在创设出一个编织的世界，在耳濡目染中让孩子们感受编织活动的魅力。

（三）材料使用方法

1. 用自制编制板固定好毛线。

2. 用线团一上一下穿过线条。可以用牙签当作针头，将线绑在牙签上，进行穿针引线。

3. 从第一根线上开始，跳过第二根线，穿第三根线，以此类推，到达第一排末尾时再反着绕回来。

4. 毛线织到最后时，留下一条线头，以防止毛线滑落。

5. 编织完成后，可将成品从编制板上取下，穿在木枝上。

四、活动过程

（一）活动推进一

1. 幼儿进区操作，教师观察指导

我们班的小朋友都想为教室装扮尽一份力，都想做纺织员。小宝和璇璇来到了美工区，一起玩毛线编织，第一次操作起编需要老师单独进行指导，指导的时候我让幼儿细心观察我是如何起编的，然后再让他们自己操作。小宝观察能力较强，观看后能够自己尝试起编，一上一下，均匀有序地、按上下交替的方式进行编织，不一会就织出了一小段作品。璇璇相对观察能力较弱，每操作一步就会停顿一下询问老师自己做得对不对。璇璇抓着卡纸不知所措，我鼓励她手捏毛线一上一下进行编织，但她还是不敢尝试，脸上也露出沮丧的表情。我尝试着详细地分解步骤，先请她找到线头，再尝试把线头穿进固定好的线里，然后把线头从另一边扯出来，每一个步骤都做到了再提醒她下一个步骤，并进行表扬。璇璇很快就有了信心，并且顺利地进行编织活动。在随后的分享活动中，她也是非常自信地跟其他小朋友说自己是怎么做的。进区结束后，他们还要比一比谁编得多、编得好，玩得很开心。

2. 活动的分析

兴趣是最好的老师，孩子在编织过程中遇到了困难，如果引导方法不得当，很可能会使孩子失去兴趣，针对幼儿不够自信的问题，老师应采取鼓励，对幼儿的点滴进步进行表扬。

3. 改进措施

（1）引导幼儿独立进行操作，不断尝试。

（2）增添操作过程的图卡，让幼儿观察操作。

幼儿在编织

（二）活动推进二

1. 幼儿进区操作，教师观察指导

第二次进区的幼儿有了初次接触毛线编织后的幼儿的经验分享，都有了初步的感知。第二次美工区编织活动就显得好多了，幼儿会选择自己喜欢的颜色绑在牙签上，上下交替地进行编织。大宝和彦彦在美工区开始了毛线编织，彦彦学会了编织的步骤，只是每编一节都要想想下一步，过程很慢，慢慢编多了、熟练了之后，开心地和我说："老师你看，是这样上下交替编。"大宝对上下交替的编织掌握得很快，出现的问题是，编织的时候只追求速度，织的松紧程度不一样，有的很紧，有的却很松，织出来的效果一段松松垮垮、一段紧紧凑凑的，不太美观。我发现后提醒他编织时，

幼儿在编织

注意每织一小段，就要把后面的毛线轻轻抽紧，这样就不会出现松紧程度不一的情况了。

2. 活动的分析

编织，对于孩子还是有难度的，所以幼儿在进行编织操作的时候，还会显得有些迟疑，操作不够熟练、不敢大胆操作。经过反复的操作，幼儿熟练操作过程后，速度提了上来。又导致了新的问题出现，一方面，说明该活动还有很大的提升空间，另一方面，教师应该给予幼儿鼓励，增强幼儿独自解决问题的能力。

3. 改进措施

（1）给予幼儿及时的表扬与鼓励，增强幼儿的自信心。

（2）进区的幼儿可以进行经验的分享，帮助其他幼儿尽快掌握编织的技巧。

五、活动反思

在美工区的编织活动，教师发现小朋友操作遇到困难时，先观察分析原因，当发现幼儿是缺乏生活经验导致不能理解工作内容而不敢进行操作时，教师需要非常耐心地、阶段性地引导孩子一步步实现目标，把一个大的目标分成几个孩子能够做到的小目标。当幼儿的专注力不足时，教师应观察和注意幼儿注意力不足的原因，观察幼儿是否有能力独自解决遇到的问题，如果不能，教师应及时给予引导。

趣味编织

大班编织活动

刘智玲

一、活动背景

在美工区开展"趣味编织"活动，用本土艺术的表现形式去营造有利于美工区开展的环境，让幼儿产生开心、愉悦的情绪，并在活动中让幼儿去领略、去感受、去体验本土文化的精髓。

二、活动预设目标

（一）积极动手制作各种手工编织等，提高孩子的动手能力，并进一步丰富对家乡手工编织的认识。

（二）在进行编织过程中，积极主动地与人交往。

（三）通过对手工编织的了解，在已有的经验和认识上，更深入了解自己家乡本土文化。

三、活动准备

（一）毛线、枯树枝、竹子、一次性筷子等生活中常见的材料，废旧打包带、木板自制固定框架等。

环境创设

　　（二）环境创设：布置具有鲜明的地方色彩、浓郁的本土气息的空间，在墙上、置物架上布置传统工艺龙门盒箩。

　　（三）幼儿准备：通过观看、欣赏精美的编织作品，激发幼儿对编织活动的兴趣。

操作材料

四、活动过程

（一）活动推进一：毛线花样编织

1. 教师先用干树枝、竹子、一次性筷子准备好十字架、六边形、八边形编织架。

孩子们在做好的干树枝、竹子、一次性筷子的十字架上用毛线进行编织。孩子们在编织的过程中出现了问题，如：幼儿刚开始拿起毛线就胡乱在架子上缠绕编织，看见自己的作品与老师的完全不一样时，有的幼儿就着急起来，甚至出现放弃的念头。这时教师直接介入，引导幼儿观察示意图，学习用顺时针的方向转动架子，学习毛线缠绕的方法。待幼儿在掌握方法后给予肯定，让他们体验成功的喜悦。

2. 孩子在已学会十字架基础上学习在六边形、八边形编织架上用毛线进行编织。

孩子们虽然有十字形架子基本的编织基础，但在编织的过程中还是出现了些问题，如：幼儿刚开始没有仔细观察，以十字形的方法编织，忽略了六边形、八边形比十字形缠绕的边要多。当孩子遇到困惑，此时教师直接介入，引导孩子对比十字形和六边形、八边形的异同，指导幼儿在编织

操作材料

幼儿操作

时每一边都需要缠绕，也可以隔一根错开缠绕。所谓熟能生巧，孩子们在掌握方法后都能轻松完成作品，愉快地进行操作。

（二）活动推进二：篮子

1.教师先利用木板自制框架来吸引幼儿的兴趣，从而发展幼儿的动手能力。

2.孩子利用废旧打包带进行篮子编织创作，编织篮子需要孩子有相当的耐心。开始学习时很多孩子都很轻松，但是学会后，要编织完成可是很费时费力的，有小部分男孩子就慢慢地不愿意去编了，这就需要教师请编好篮子的孩子拿着自己的作品拍照，让大家欣赏，其他孩子们都特别羡慕，原来松懈下来的劲头又被调动起来，坚持完成自己的作品。

幼儿在编织

编织半成品

五、活动反思

美工区"趣味编织"开设一段时间以来，一直是孩子们进去活动的首选之一。他们能凭自己的兴趣独立完成作品。利用分解图，让幼儿在遇到困难时进行研究，一是可以有一个直观的认识，二是能培养幼儿分析的能力，对幼儿可持续发展起到很好的促进作用。

　　为幼儿创设良好的环境，为幼儿提供动手动脑的机会，提供体验学习的条件，让幼儿在一种轻松愉悦的状态下自主探究。孩子们经过不断动手操作，能激发幼儿对本土文化资源的兴趣，培养幼儿的探索精神。

幼儿作品展示

田园趣味

大班编织活动

江淑萍

一、活动背景

幼儿在经过了两股编、三股编、上下编织的一系列活动之后，根据其年龄特点创设了符合大班年龄段幼儿的编织活动——"篮子"。它是使用不同的纸藤将其按照前后交替、两股同时编织等方法进行的。编织活动具有新颖又实用的特点，很快就吸引了孩子的兴趣。

二、活动预设目标

（一）熟悉各种纸藤和纸藤材料的编织方法。

（二）能够前后交替编织和两股同时编织，并且编织时要压紧已编织好的部分。

（三）喜欢参与编织活动。

三、活动准备

（一）材料投放

1. 各色宽纸藤、各色不带铁丝纸藤、各色带铁丝纸藤。

2. 白乳胶、木夹子。

操作材料

（二）环境创设

美工区张贴编织篮子过程的图片及分解示意图。

四、活动过程

（一）活动推进一：学习前后交叉编织

1. 幼儿进区活动，教师观察指导

初学编织的时候，以"篮子"为例：分为底部、篮子躯干和收边三部分。第一阶段先让幼儿练习编织篮子的躯干，这是比较简单的，只需要前后交叉编织，但要编好也需要幼儿耐心，还必须有坚持的态度，更重要的是在编织过程中找到技巧。小宇很喜欢去美工区编织篮子，她是个有耐心又细心的孩子。一开始编的时候有点慢，有时候会搞乱。很快她就掌握了前后交叉的编织方法，而且越编越顺利，前后交叉不再出错，她还指导旁边的梦梦小朋友应该怎样编织。可能是因为分心了，她有一个地方出错，接下来就有点乱了，我过去教她查找编错的地方，然后拆掉那部分重新编织。

幼儿编织活动

小宇慢慢又开始回到正常的编织顺序，也找回信心，用了10分钟就把篮子编好了。

2. 活动的分析与思考

在这个阶段，幼儿的注意力都在前后交叉的编织中，并且反复练习，达到手眼协调的能力，过程也很漫长，幼儿需要有耐心，在编织的过程中容易出现散开或者是松松垮垮的现象，孩子们要去观察和研究，找到两只手协调配合的技巧。教师也应该给予更多的关注和鼓励，让幼儿一直编织到完成。

3. 调整措施

（1）让幼儿先看编织的过程示意图，遇到不懂的再去请教别人，但是要在不打扰别人操作的情况下，还可以询问老师。

（2）编织的过程中要专心、耐心，才不会出错。

（二）活动推进二：编织自己喜欢的形状

1. 幼儿进区活动，教师观察指导

在原来材料基础上添加了各种形状的篮子的图片，幼儿在编织前先观察这些图案，然后讨论可不可以编织出这些形状，可以怎么编织。例如：有些下宽上窄的篮子在编织的时候要怎么做？相反的又该如何？这些问题

幼儿编织活动

幼儿编织作品

经过讨论之后进行尝试，分成两组或者三组进行实验，在实验中不断地改进。千千是个喜欢新鲜事物的小朋友，也许是进去美工区的次数多，也做过编织的操作，刚好看到我新投放的图片，好奇地拿起来看，然后兴奋地和旁边的樾樾说："这些图案太好看了，我好想编这样的图案哦。"樾樾也很兴奋地说道："我们一起编吧。"于是两个人开始讨论，旁边的小朋友也被吸引了，她们也开始分组进行编织，一边讨论一边编织，遇到问题还会及时请教老师。结果她们编织出来的东西比图片上还要丰富、有创意。

2. 活动的分析与思考

大班级的幼儿很擅长观察和讨论，个别幼儿生活经验也相对丰富，非常有自己的想法和创意，由她们带领着其他孩子一起操作，会增加许多的经验，她们会讨论、表达观点、合作，给人意想不到的惊喜。

3. 调整措施

（1）多引导幼儿欣赏不同形状的物品，如：瓶子、花篮等，丰富孩子的直观图像。

（2）在区域里摆放好看的篮子供孩子欣赏。

（三）活动推进三：尝试编织底部

1. 幼儿进区活动，教师观察指导

在学会了编织篮子等物品的躯干之后，根据已有经验尝试编织底部，底部的编织会比较难，需要用胶水固定好主要的主干，然后将底部的其中一根纸藤进行编织，然后再接上长纸藤连续编下去，直到底部编织到我们需要的大小为止，然后改变主干纸藤的方向，往里面90度弯曲，形成篮子的底部，幼儿就可以继续篮子躯干的编织了。烨烨很想尝试一下编织底部，在编织底部的时候老师要在一旁指导，我几乎是手把手地教她如何固定第一层，到第二层的时候就由她自己尝试，一开始不是很好，间隙有点大，提醒她要用手指按压紧，第三层的时候就比较

幼儿编织活动

好了，后面都是她自己固定好的，到需要转弯变形时，因为底部结构比较复杂，幼儿的精细动作没有成人的好，在固定方面容易变形，老师再给予帮助。烨烨小心翼翼的样子非常努力专注。

2. 活动的分析与思考

幼儿在有了编织躯干的经验之后，会比较容易理解底部结构的特点，所以将编织底部放在第三阶段进行活动，让幼儿明白底部和躯干的联系。有小部分幼儿觉得有些困难，哪怕在老师的指导下都很难完成，我们会鼓励幼儿合作完成一个作品。

3. 调整措施

（1）让幼儿合作完成作品，在合作中互相学习。

（2）将编织作品布置在美工区，供其他幼儿学习交流。

五、活动反思

以编织活动"篮子"为基础，教师针对幼儿的学习品质、学习方法和学习经验的提升采取了不同的教学策略。第一阶段是非常需要耐心和细心的，如何能编织紧实，不松松垮垮，需要幼儿控制自己的注意力，如果幼儿的注意力不能集中或者没有耐心，不想继续编织下去了，教师可尝试提醒和鼓励，告诉他很期待看到他的作品等。主动思考问题及讨论解决方法是第二阶段学习过程中的重点，绝大多数幼儿能够思考、讨论，并且一起合作实验，找到问题，解决问题，教师也可适当给出建议。教师可在活动结束或者某一个环节结束后，询问幼儿：为什么要这样做？为什么会这样？是怎么做到的？鼓励他们自己寻找答案，以提问的方式鼓励他们多加思考。

在活动中，幼儿通过学习、观察、探索、创新完成了丰富的作品，自我成就感很强。他们通过自己的方式，与同伴直接交流、讨论，模仿别人的做法，学习别人的经验等，一起商讨解决问题的小方法。对此，教师无须立刻干扰，只须尊重幼儿的学习方法，鼓励幼儿遇到问题先自己思考。教师也可以在幼儿需要帮助时适当指导。

簸箕

大班编织活动

张晓婷

一、活动背景

围绕本土特色教学活动，为幼儿创设场景丰富、内容生动、具有本土特色的教育环境，在美工区添置了筲箕、箩筐、簸箕等手工艺品供幼儿欣赏，让孩子们对这些手工艺品兴趣浓厚，进而产生尝试自己编织的愿望，同时开展编织活动，让幼儿通过自己的动手操作来了解编织所带来的魅力以及编织所蕴含的文化。

二、活动预设目标

（一）掌握上下交替编的方法，尝试两根材料同时进行编织。

（二）乐于参与编织活动，体验编织的乐趣。

（三）培养幼儿的对编织艺术的热爱，提高合作意识。

三、活动准备

（一）材料投放

牛皮纸条、纸皮、圆形模板、白乳胶、双面胶、竹篾、扎带、剪刀。

投放材料

（二）环境创设

在美工区摆放具有本土特色的手工编织艺品，如：簸箕、筲箕、筛子、竹篓、箩筐等。

环境创设

四、活动过程

（一）活动推进一：牛皮纸纸条练习上下交替编织

1. 观察分析

有了编织的基础经验后，孩子们都很喜欢在无纺布的成品上进行上下编织。能力较强的孩子用牛皮纸纸条尝试离开模板进行编织。但编织的过程较为单一，

幼儿操作活动

且编织过程较长，有些孩子很快就会觉得枯燥乏味，个别孩子遇到困难就想放弃。

2. 分析与思考

在实际施教过程中，除了方法上的指引，其实幼儿更多的是需要心理上的引导，比如在组织编织活动时，先让幼儿从最简单最基础的活动入手，了解作品的材料以及结构，可以有效避免入门时就产生畏难情绪，从而让幼儿更好地投入到下一步的操作，圆满完成编织活动。

3. 调整措施

（1）编织活动因为过程较长、操作复杂，对幼儿来说并不具备明显的吸引力。需要耐心地引导，慢慢让幼儿找回自信、动手尝试。

（2）站在幼儿的角度思考，尝试了解幼儿遇到的实际困难和内心的真实想法，帮助幼儿完成编织活动。

（3）在开展编织活动时充分调动幼儿的兴趣，让幼儿充分参与和体验编织带来的美与乐。

（二）动活动推进二：纸皮编织簸箕

1. 观察分析

这次孩子们在区域活动时，学会了要沉得住气，耐心完成，不带有烦躁的情绪来参与活动。在老师提前做好的半成品中不紧不慢地把裁好的牛皮纸条一根一根编织在一起，最后在老师的帮助下把编织好的簸箕上边框固定。

2. 分析与思考

编织的过程虽然较单一，但难度也在不断的提升。孩子们掌握了技巧后，能够将纸皮上下穿插到圆形模板中，对编织越来越感兴趣，想用更多

幼儿操作活动

不同材质的材料编织不一样的簸箕。

3. 调整措施

（1）当幼儿表现较好时，要及时表扬和鼓励，促使幼儿提高动手能力，享受活动带来的快乐。

（2）让幼儿在轻松愉快的环境下进行编织创作。

（三）活动推进三：竹篾编织簸箕

1. 观察分析

孩子已经能够熟练掌握编织簸箕的方法，难度就要有所增加，从柔软的牛皮纸过渡到竹篾。竹篾编织对孩子来说有一定的难度，材料本身材质

幼儿操作活动　　　　　　　　　　　　　　幼儿作品

较硬，每编一根竹篾都需要用力紧挨着已编好的那一根，中间尽可能不留缝隙。由于竹篾太长不好操作，上下交错编织的时候容易出现重叠的现象。孩子们在编织的过程中都能认真对待，并享受其中。

2. 分析与思考

难度越大，挑战就会升级。当幼儿动手过程中出现困难时，不能立刻帮孩子一手包办，要先让他们商量讨论怎样解决当前问题，然后教师才耐心地引导幼儿去发现问题，尽可能帮助幼儿完成编织活动，使幼儿在收获

学习经验的同时，能够享受到活动带来的快乐，进而逐渐喜欢上编织活动，保持对手工编织的兴趣。

3. 改进措施

（1）引导幼儿学会与他人合作，共同体验合作的成功感。

（2）鼓励幼儿在家与家长一起编织作品，共同体验编织之乐。通过把幼儿与家长在亲子互动中完成的编织作品用于课室的环境创设，让家长和孩子们的努力能够从中得到肯定，让幼儿与家长之间的感情也在肯定中得到增进。

五、活动反思

幼儿通过自己的一双小手，把原本单一的材料变成有"生命"的簸箕作品。幼儿经过长时间的探索已经能够有条不紊地进行编织。这不仅锻炼了他们手部肌肉的灵活性，更让他们的耐心得以磨炼。这些都是他们辛勤劳动后的结晶，作品也在班级环创得以展现，从而增加了幼儿的成就感。教师还可提供更多的材料，让幼儿尝试不同材质编织的簸箕。

绘出耕彩

　　龙门农民画是广东省的传统民俗绘画艺术。以浓墨重彩渲染人们丰富多彩的劳动和生活，以节庆喜事、特色民俗、田间劳动为主要题材，深刻反映人民对生活的热爱，对自然和社会的思考和理解。它吸收和继承传统民间艺术形式，以单线平涂手法，结合水墨画、水彩画、油画的表现技法，并借鉴传统的民间刺绣、木雕、剪纸等艺术形式进行创作，是绘画门类中的一个新画种，在审美视角上彰显着自身的特色，具有较高美学价值。

　　幼儿园引入本土农民画特色教育，能够让幼儿对自己家乡文化有一定的了解。将优秀的农民画与富有创造生命力的儿童画有效结合，让孩子广泛地去接触和了解不同的民间艺术，通过大量的农民画作品展示给他们最大的视觉空间、感觉空间，同时，不拘形式地给他们最大的描绘空间、再创空间，通过孩子们的交流，民间艺术——农民画也得以传承。

惠阳区直属机关幼儿园

·1958·

HUI YANG QU ZHI SHU JI GUAN YOU ER YUAN

艺润稚慧 美泽童心

丝瓜田

小班农民画绘画活动

翁燕娜

一、活动背景

我班幼儿对颜色涂色非常感兴趣，经过前期的一些涂色经验，我想加入剪纸的元素，让幼儿感受本土文化的相互融合。于是我设计丝瓜田这个活动，既有颜料涂色的乐趣，又有剪纸活动的乐趣，孩子们听了我介绍后，都非常感兴趣，个个跃跃欲试，兴致高涨。

二、活动预设目标

（一）尝试用颜料给瓜叶的模板进行涂色，用剪刀剪下画好的丝瓜图案，把涂好的叶子也一并剪下，贴于牛皮圆形纸上，用黄色颜料添画丝瓜花和其他的瓜藤即可。

（二）根据已有经验和图片观察，对丝瓜的外形、色彩等的感受用涂色的方式和剪纸的方式表现出来。

（三）通过具有本土特色的农民画活动，激发孩子对家乡艺术文化的美的感受。

三、活动准备

（一）活动材料

丝瓜田的实物图片或者实物、绿色系颜料和黄色颜料、绿色系卡纸、牛皮圆形纸、水粉纸、黑色小头笔、水粉笔、瓜叶的模板、丝瓜的模板、胶水、剪刀。

操作材料

（二）环境创设

收集、制作龙门农民画的作品布置美工区的环境。可以做成吊饰、摆台或者粘贴在墙面上的挂画。

作品欣赏

四、活动过程

（一）活动推进一

1. 谈话活动

教师在活动前向幼儿提问：小朋友们你们吃过丝瓜吗？有谁可形容一下丝瓜的外形和颜色呢？然后出示丝瓜的实物图或者实物。请幼儿观察后自由回答。丝瓜田又长成什么样子的呢？出示图片，让幼儿观察感受。

2. 幼儿进区活动，教师观察指导

对于玩颜料，小班的孩子特别感兴趣，所以今天孩子们进区选择来玩涂瓜叶和剪丝瓜是特别开心的。第一次接触，孩子们对于拿颜料笔涂色还不是特别熟练，颜料总是一块一块地往水粉纸上涂，不均匀。教师要在旁边提问孩子使用颜料时，如果感觉颜料太多了，用什么办法可以让颜料不要蘸得太多？有的孩子回答说："蘸的时候轻一点慢一点，就不会蘸太多。"我表扬他说："这是一个好办法。还有吗？"孩子们都你看我，我看你。我说："你们可以把水粉笔在颜料盘子的边缘刮一刮，让多余的颜料留在颜料盘里。"孩子们听了老师的建议，果然，后面涂出来的瓜叶就比较均匀，平整多了。大部分孩子只能用单一的绿色涂叶子，剪丝瓜的孩子们在上半学期已熟练地掌握沿线剪的技能，所以个别剪丝瓜的孩子都能很好地完成剪丝瓜的活动。

幼儿作画

3. 活动的分析与思考

孩子刚开始接触颜料涂色的技能，在他们的涂色过程中总会出现很多不尽如人意的地方，例如把颜料整块整块地往水粉纸上涂，涂出的效果既不好看，又不整洁，所以经过教师介入，引导和建议后，孩子们是可以根据教师的引导和建议去继续涂色活动，而且比之前涂色进步很多，可以较好地把瓜叶涂出来，并且整洁美观。在涂色初期，教师还应该多用语言引导，给孩子涂色的建议，因为对于新技能的传授，还是需要教师讲解的。我觉得，如果给出一个涂色的流程图卡先给孩子观察，教师就可以减少一些建议，这样就会让孩子更专注他的涂色活动，而不被教师打扰，这样也能更好地发挥孩子的主观能动性和观察能力。这是需要改进的地方。

4. 调整措施

（1）出示涂色的流程图卡，让孩子观察涂色。

（2）多次练习，熟能生巧。

（二）活动推进二：初步掌握涂色方法

1. 观察分析

经过第一次的活动经验，孩子们在进入第二次活动的时候有了较大的进步。今天进区的是玥玥、睿睿和嘉嘉进行涂瓜叶的活动，还有两位孩子负责剪丝瓜。这三位孩子经过一段时间的涂色练习，有了一些进步，所以

幼儿作画

进区涂色活动中，能独立较好地完成，而且对于绿色系色彩的应用上也能应用自如，相互搭配。在活动中，我发现孩子们不仅可以把瓜叶均匀涂完，还会应用叠盖的方式进行涂色，在一种绿色的叶子上涂色另一种绿色的叶子，形成了叶子重叠的效果，更好地表现出瓜藤上的叶子，不再是单一的一片一片的叶子，而是有一整片叶子的感觉。这样完成后的作品，大家合作把它们贴在圆形的牛皮纸上，初具形状的丝瓜田就出现了，孩子们的自豪感也增强了许多。

2. 活动的分析与思考

随着活动的逐步深入，孩子涂色的技能得到了较好的提高，孩子们都能积极地投入到自己的农民画涂色活动中，而且主观能动性增强了不少，还加入了自己的想法和创意，叠加方法涂的叶子，更加真实地反映出丝瓜田。我觉得孩子们能够有这样的想法，还是得益于观看实物的图片，从图片上获得灵感。

3. 调整措施

（1）多让孩子进行涂色的练习。

（2）把涂好的瓜叶剪下，和同伴的丝瓜拼贴成一幅较完整的作品——《丝瓜田》。

（三）活动推进三：较好完成涂色活动，作品呈现完整

1. 观察分析

经过之前的不断练习，大部分孩子都能够很好地进行瓜叶的涂色练习，并能和同伴一起拼贴组合成作品，但是出来的效果还是和图片上有些不同的地方，例如：丝瓜田上还有没有结丝瓜的小花要怎么表现，还有丝瓜藤怎么表现等。于是今天进区，教师着重让孩子先观察如何来表现小花和瓜藤，今天进区的有曦曦、杨杨和宁宁三个孩子进行涂色活动。只看他们把涂好的瓜叶剪下和同伴拼贴后，拿着画笔蘸了黄色的颜料在纸上点点画画，不一会儿，小花和瓜藤就出现在纸上，好像还挺像样的，他们高兴地拿来给我看，我笑了笑竖了一个大拇指给他们。他们开心地回到区里。

幼儿作画   幼儿作品

2. 活动的分析与思考

孩子们已有涂色经验，在此基础上，教师加大难度让孩子把小花和瓜藤尝试用水粉笔蘸好颜料点画出来，孩子们对于简单的点和曲线能较好掌握，所以这个任务孩子们是可以胜任的。通过他们的点点画画，一幅作品最终得以呈现，教师把完成较好的作品展示在美工区的墙面上，孩子们的兴趣大增，对他们后面农民画的学习做好更深入的铺垫。

五、活动反思

农民画是通俗画的一种，多是农民自己制作和自我欣赏的绘画和印画，风格奇特、手法夸张，范围包括农民自印的纸马、门画、神像以及在灶头、房屋山墙和檐角绘制的吉祥图画。现代农民则有在纸面上绘制乡土气息很浓的绘画作品，以自己的方式记录着对时代的感受。把农民画引入到孩子们的操作活动中，有利于孩子绘画技能的发展，让孩子了解惠州的本土文化，更是对本土民间文化的保存、传承和发扬。

在小班进行的农民画涂色练习活动中，孩子们对于颜料涂色是非常感兴趣的，觉得颜料很好玩，如何让孩子在玩中学会涂色技能，是非常重要的。我觉得图案模板的应用非常好，因为有了图案模板的帮助，孩子们涂色不会涂到外边界，按照形状进行涂色，这样就能让孩子感受一个图案涂出来的形是对的，而且直观地看出涂出来的图案是什么。模板的大小教师是可控的，涂出的效果会达到预期值，呈现出的作品也能够较完整，把涂色活动和剪纸活动融合在一起，更加体现了活动的多样性和丰富性，让孩子更感兴趣。

经过不断的实践，对于小班的农民画涂色活动，我们更着重玩和技能的掌握，孩子在玩中学，学中悟，发挥其主观能动性，让他们自主学习，真正成为活动中的主体。

美丽的田地
小班农民画绘画活动
吴小艳

一、活动背景

惠州龙门的农民画是一种广东省传统民俗绘画艺术，有近四十年历史，它有着深厚传统文化，吸引着不少民众的热爱，曾在多个地区、国家举办展览，龙门农民画走向国际，龙门县也因此被文化部命名为"中国现代民间绘画画乡"。龙门农民画以其厚重的色彩为一大特色，追求以大块鲜艳的颜色为整体效果，色彩对比强烈，视觉冲击力大。画中这种强烈的色彩正适合小班幼儿该阶段的心理认知特点，同时其简易、清晰的线条，饱满的结构也十分利于幼儿模仿。龙门农民画对孩子而言相对陌生，因为不是以他们的生活经验为基础，这样极具欣赏和感受的美，需要慢慢渗透。龙门农民画主题丰富、色彩鲜艳、线条流畅，因此教师计划从欣赏画作、感知色彩和线条创作入手，打造属于孩子们的农民画。

二、活动准备

（一）所需材料

各种描绘田地的龙门农民画，具有强烈色彩对比的颜料、画笔、画纸等。

操作材料

（二）环境创设

美工区展示龙门农民画供幼儿欣赏。

三、活动内容与过程实录

（一）活动推进一

1.环境创设，引导欣赏

在进行龙门农民画欣赏时，教师往往起到桥梁的作用，教师如果没有起到桥梁的作用，孩子是很难去欣赏和感受的。因此教师应该在进行农民画欣赏活动之前认真的、全方位的了解农民画作品的背景、表现形式和通过作品要表达的深层内涵。并且要学会迁移到孩子们的生活中去，才能更好地便于他们理解。于是教师收集各类以田野、耕地为题材的农民画挂在课室，让幼儿日常欣赏，逐渐对农民画产生兴趣。如欣赏《春耕》时，主要感受田地大色块的色彩冲撞以及强烈的对比色。

作品欣赏

2. 线条的描绘

有了前期欣赏龙门农民画的铺垫，知道在农民画中的田地是以色块状描绘而成，色块间我们可以尝试用线条分隔开来，于是教师引导幼儿尝试进行线条的描绘。在教学中，可以先让幼儿尝试着大胆随意地画，提高孩子们的参与热情，增强绘画的信心。

幼儿作画

在欣赏完画面线条的基础上，启发孩子们来画出不同方向的线，表扬他们画出来的任何线条都是最漂亮的。孩子专注地参与到了画出各种各样的线条，又把线条进行各种神奇组合，慢慢教师再引导幼儿进行方块状的线条描绘，逐步让画面展现出农民画中田地的画面。

（二）活动推进二：色块涂色

在进行色块涂色前，教师先向幼儿展示几种对比色（黄蓝、红青、紫绿），感受其中色彩的对比、明度的对比、饱和度的对比等。了解其中互为补色的关系，使用对比色不仅能加强色彩的对比，拉开距离感，而且能表现出特殊的视觉对比与平衡效果。

了解了对比色，进行色块涂色，鼓励幼儿大胆涂色，色块间不串色，教师重点观察幼儿使用水粉笔的方式以及运用颜料的习惯。

幼儿作品

（三）延伸

当幼儿对线条和色彩有了进一步的了解和熟悉后，可以鼓励他们进行更具体的构图，如在田地间添加河流、小溪等。对绘画能力较弱的幼儿，教师继续指导用格子画的形式进行涂色，能力较强的幼儿就直接在纸上大块涂鸦。在幼儿的涂鸦创作中，最常出现的内容便是农民画中的田地、溪流和树林了。教师可鼓励幼儿大胆创作，多用一些鲜亮、明快、对比度较高的颜色涂鸦作品。在涂好作品后，幼儿会结合自己要表达的景象，在色块上继续添画，如农作物、果子等，形成丰收的田野、树林等画面。

幼儿创作结束后，教师可带领幼儿一起欣赏同伴的作品，并进一步感受龙门农民画的色彩美。

幼儿展示

四、活动特点及反思

在小班对幼儿进行龙门农民画教学，引导幼儿对其色彩进行感知，了解了惠州本地民间美术资源、文化，体悟了龙门农民画中的美感和色彩内涵，同时也促进了他们对生活中色彩的感知、探索。通过层层递进的教学手段，增强幼儿的探索、感知等各项能力，进一步强化幼儿热爱美、热爱家乡的思想感情。进而达到美育的目的，发挥绘画这一艺术在情感教育上的功能，同时这也响应了宣传本土传统民俗文化的号召，有利于培养幼儿热爱家乡的情感。

美工区是幼儿园区域活动的基本设置之一，是一种能让幼儿按照自己的意愿和兴趣来表达自己的体验和情感的极好形式。教师如果能够在教学工作中做好以上这些方面的工作，便能让幼儿在生动活泼的绘画过程中，以自己喜欢的身边事物为题材，充分自由发挥想象力，灵活地创作，表达情感，愉悦身心，实现综合发展，也将不断拓展本土文化的价值，让本土文化得以继续传承，用幼儿的双手表现出一个崭新的艺术世界。

美丽的蒲扇

小班农民画绘画活动

李 静

一、 活动背景

小班幼儿年龄较小，涂鸦的时候用色随心所欲、色彩鲜艳、结构饱满，这和农民画的特点正好相似。惠州童谣轻松活泼，具有浓厚的生活气息、地方特色，小班的小朋友念起来朗朗上口。最近我们开展了学习惠州本土的一系列活动，让幼儿利用生活中常见的蒲扇来进行涂鸦，使他们有了更多的亲切感，让艺术与生活遥相呼应，再结合惠州本土民谣《扇子歌》和惠州四月初八买蒲扇的习俗，歌谣与生活习俗成为艺术中情感的传递，幼儿的学习兴趣就更浓厚了。为此，我园在美工区投放了各种涂鸦的材料，开展了"美丽的蒲扇"活动。

二、 活动预设目标

（一）学习用水粉颜料涂鸦，对色彩及其产生的痕迹感兴趣。

（二）能够大胆用笔涂鸦作画，尝试画出点、圈和线。

（三）乐意参加美术活动。

三、活动准备

（一）材料投放

1. 蒲扇若干、各色水粉颜料。

2. 颜料笔、抹布、小水桶。

（二）环境创设

1. 教师在美工区放置印有龙门农民画的画册、小画板让幼儿欣赏。

操作材料

2. 并在饭后带领幼儿观览多媒体里的农民画，引导幼儿从色彩上去感受作品的形式美。

四、活动过程

（一）游戏推进一：涂蒲扇

1. 谈话活动

教师在活动前向幼儿提问：我们刚学了一首关于扇子的童谣《扇子歌》，我们一起来念一念，以前我们惠州人在每年的四月初八都会买把蒲扇。你们看看，老师这里这把蒲扇好看吗？（幼儿回答：不好看）怎样才能把蒲扇变漂亮呢？（幼儿回答：涂上颜色）今天老师在美工区投放了一些蒲扇和水粉颜料，小朋友们可以把蒲扇涂上你喜欢的颜色，涂好后把你的作品给大家看看。

2. 幼儿进区游戏，老师观察指导

区域活动中，平平选择了给蒲扇涂颜色，他在一筐颜料中选择了红色和黄色，他先把画笔蘸上红色颜料，就胡乱地给蒲扇涂起来，一会上下涂，一会左右涂，以至蒲扇颜色涂得非常不均匀，涂了一会，他又拿起画笔蘸上黄色，还是胡乱涂，并且把两种颜色混在一起，扇子的边框也涂上了颜色。我知道他是急性子，没耐心，就指导他涂色要有耐心，注意轮廓线，不要涂到扇子的边上，涂色的时候要朝一个方向均匀地涂，两种颜色不要混在

一起。听了老师的话，平平放慢了速度，认真仔细地一上一下慢慢地涂起来，有些颜料重叠在一起，他就一点点把它涂平，两种颜色也尽量没有混在一起。过了一会儿工夫，他把涂好的扇子拿给我看，并告诉我他画的扇子和墙上的龙门农民画一样，是过年：有红红的灯笼，有红红的对联，还有红黄相间的花灯。我表扬了他，把他的扇子展示在了美工区。

幼儿操作活动

3. 活动分析与思考

由于小班幼儿的涂色能力较弱，涂画能力也属于涂鸦期向象征期过渡的阶段，个别幼儿的乱涂乱画是毫无想法的。对于绘画能力还停留在涂鸦期的小班幼儿应该正确引导，对只能涂鸦的幼儿进行能按要求涂色的指导，对于不敢尝试的幼儿，则应该鼓励他们能从画点开始，对其能在画纸上下笔表示欣赏和鼓励。

4. 调整措施

（1）小班幼儿在涂鸦过程中，不会观察，往往急于求成，涂出来的作品粗糙散乱，老师帮助幼儿掌握涂色要领，使其大胆地涂色。

（2）继续欣赏龙门农民画，了解它的色彩美。

（二）游戏推进二：在蒲扇上画图形

1. 幼儿进区游戏，教师观察指导

今天莉莉在美工区欣赏了几幅关于梯田的龙门农民画，看完画后，她说："我们的扇子像一片梯田。"她拿起了蒲扇，用画笔沾上土黄色，均匀地涂在扇子上，很快整个扇面都涂成黄色，她拿起画笔蘸上了红色，然后又看看旁边的龙门画，想了想，就把画笔洗干净，蘸上了黑色小心翼翼地画上几条横线和几个小圈圈。我鼓励她大胆画，可以用几种颜色交替画线条。听了老师的话，她大胆地用画笔蘸上各种颜色，在蒲扇上画了螺旋线、直线、斜线和小圆圈。画完后，她高兴地向旁边的妍妍介绍她的画：这些斜线是梯田，这些小直线是禾苗，这些小圆圈是树。我表扬了她，并把她的蒲扇和农民画进行了比较。让她体会农民画的色彩运用，并进一步感受龙门农民画的色彩美。

2. 活动分析和思考

当幼儿对色彩有了进一步的了解后，可以鼓励他们在蒲扇进行更具体的涂鸦。能力较强的幼儿就直接在蒲扇上大块涂鸦。在幼儿的涂鸦创作中，最常出现的内容便是农民画中的梯田和树林了。教师可以适当提醒幼儿农民画中的梯田、树林等是什么颜色，鼓励幼儿大胆想象，多用一些鲜亮、明快、对比度较高的颜色涂鸦作品。在涂好作品后，幼儿会结合自己要表

幼儿操作活动　　　　幼儿作品展示

达的景象，在色块上画直线、斜线、圆形等，形成丰收的田野、树林等画面。活动结束后，教师带领幼儿一起将幼儿的涂鸦作品和龙门农民画进行对比，让幼儿体会农民画的色彩运用，并进一步感受龙门农民画的色彩美。

五、活动反思

小班的幼儿通过认知惠州龙门农民画后的涂鸦活动，了解了惠州本地民间美术资源、文化，体悟了龙门农民画中的美感和色彩内涵，同时也促进了他们对生活中色彩的感知、探索。通过欣赏龙门农民画、寻找相近色块、分享交流画作等活动的进行，幼儿的探索、感知等各项能力得到了锻炼和提高，热爱美、热爱家乡的思想感情进一步被强化。

罐子大变身

小班农民画绘画活动

冯巧芳

一、活动背景

《幼儿园教育指导纲要》中把"引导幼儿接触周围环境和生活中美好的人、事、物,丰富他们的感性经验和审美情趣,激发他们表现美,创造美的情趣"定为艺术教育的第一内容与要求。我园地处惠州西子湖畔,有着极为丰富的本土艺术教育资源,如龙门农民画。龙门农民画多以人们节庆喜事、特色民俗、田间劳动为主要题材。色彩鲜艳、对比强烈,充满天真、活泼和自然的意趣,深受幼儿的喜爱。于是我园就开展了以农民画为基础的一系列研究、探索,优化美术教育资源,开展富有地方文化气息的美术教学活动。由于小班幼儿受年龄和发展水平的限制,很难勾画一些人物的动作、色彩的过渡以及画面的布局等,不能完整地画出一幅农民画,我们就先从感受色彩、学会运笔、大胆涂鸦这几方面入手。恰好近来很多孩子都进行了草莓的采摘活动,每次摘完都兴致勃勃地跟同伴分享。于是我跟孩子商量要不要在我们班的大平台上种草莓。这个提议得到了孩子们的热烈响应,大伙都积极讨论要如何种草莓。我顺势提出了装饰花盆的要求,孩子们都开心地表示要画个最漂亮的花盆。

二、活动预设目标

(一)能辨认颜色并说出颜色的名称。

（二）选择自己喜欢的颜色、图案，使用画笔进行涂鸦。

（三）体验美术创作的乐趣。

三、活动准备

所需材料：丙烯颜料、画笔、奶粉罐、罩衣。

操作材料

四、活动过程实录

（一）活动推进一：大色块涂鸦

1. 活动导入

教师在活动前向幼儿提问：冯老师准备了好多的草莓种子，你们的爸爸妈妈准备了奶粉罐来做花盆，那我们小朋友就来装饰奶粉罐，今天我们先选一个自己喜欢的颜色，帮奶粉罐穿上一件新衣服，好吗？

2. 操作活动

梓续、慕慕、浠芸和蕙心一进区就先拿到奶粉罐，坐下来后，开始讨论自己想要的颜色。慕慕说："我喜欢蓝色，我要画蓝色的花盆。"梓续说："我要红色，像苹果。"浠芸有点拿不定主意，看了看慕慕说："那我也选蓝色吧。"蕙心没有说话，直接选了紫色，拿起画笔就开始在奶粉罐上涂颜色。梓续有点不敢下笔，拿着画笔在罐子上轻轻地点，每次都要等到笔上的颜色都没了才会去蘸颜料，蘸的时候力度没把握好，画笔上总是满满一坨颜料，导致画在罐子上的颜色很不均匀，他画了一会儿就开始有点不耐烦了。慕慕和蕙心用起画笔来就比较熟练，下笔大胆、快速，会按一个方向涂，两个人还一边涂色一边交谈自己打算怎么装饰。浠芸则自己默默地在一边慢慢涂，涂得很仔细，但是用画笔有点不顺手，会来回涂，往上涂的时候，笔尖向上铲，没多久笔尖就开叉了，她时不时用眼睛瞄下老师，想要老师的帮助。于是，我也拿起一个奶粉罐说："冯老师也要来给罐子穿衣服啦！"小朋友都好奇地看了过来，我用比较慢的动作拿起画笔，轻轻地蘸点颜料，按从上到下的方向一笔一笔的涂色，让幼儿明显地感受到要如何拿笔、如何运笔。浠芸看了一会儿后，开始学着我的样子给罐子涂色，知道要从上往下涂。梓续也开始大胆涂色，扩大了涂抹面积，还知道蘸了颜料后在边上轻轻刮一下，把多余的颜料刮走。没多久，慕慕就率先把罐子涂完了，他看了看旁边的浠芸，发现她才涂了不到一半，慕慕说："浠芸，你要不要我帮你啊？"浠芸说："好啊。"慕慕就拿起一只新的画笔帮浠芸涂起来。这时蕙心也涂好了，也开始帮梓续涂色，有了小伙伴的帮忙，大家都在区域活动结束前完成了罐子涂色工作。

幼儿操作

3. 活动的分析与思考

从活动中可以发现幼儿对颜色的认知是比较清晰的，能说出颜色的名称，有自己喜欢的颜色，会选用自己喜欢颜色作画。同伴之间相处融洽，不但能遵守进区的约定，还有互相帮助的精神。有的幼儿相对比较内向，喜欢自己安静地工作，很少主动与同伴交流。有些孩子对于画笔的握笔和运笔方式不太熟练，导致幼儿在涂画过程中产生一些困难或挫折感，教师要耐心指导幼儿正确的方法。这次投放的画笔比较长，小朋友拿的时候不太顺手，有时还会戳到旁边的小朋友，可以投放较短的画笔，并在笔上做上记号，知道握笔的位置，方便幼儿使用。

（二）活动推进二：添加装饰的花纹图案

1. 活动导入

教师在活动前向幼儿提问：上次你们给奶粉罐穿上了新衣服，你们觉得好看吗？可是我觉得还少了一点东西，如果能装饰上一些图案就更漂亮了！你们觉得可以添加一点什么图案呢？例如我们学过的各种图形、花花草草、一些线条等，都可以把奶粉罐变得更漂亮哦，一起来试试吧！

2. 操作过程

小朋友进区后先找到自己的罐子，然后坐在桌子前思考想画的图案。慕慕想了一会，很快就决定了要画柳树，他选了绿色的颜料和一支最大的画笔后就开始画了。先从罐子上方往下画出一条长长的线，因为是大号画笔，所以画出来的线条也比较粗，慕慕看了看，感觉不是很满意，但他也没有更好的办法，只好继续在枝条上画柳叶，柳叶也很大，还有点像正方形。小晴也想好了自己要画爱心，她选了一支小号的画笔和黄色的颜料，就开始在罐子上画画。她先是画了爱心的右边，发现罐子上有几道环形的凹槽，导致画出来的线条歪歪扭扭、断断续续的。她又沾了颜料把凹槽里的断开的线条补充完整。补完后，她就开始画爱心的左边线条，用相同的方法把一个完整的爱心画出来了。最后是梓续，他想了半天也没决定要画什么，他看着老师说："老师，你帮帮我好不好？"我问："嗯，你最喜欢什么线条呢？""我喜欢波浪线。""那你会画波浪线吗？"梓续说："我

幼儿操作

会呀。""那你就把波浪线画在罐子上吧，画完再加上小点点就很好看了。"梓续说："那我试试看。"梓续选了一支中号画笔和白色颜料就开始画了。没过一会儿，梓续又叫了："老师，这画笔太难画了，我可以换吗？""你想换什么工具来画呢？"梓续看了看工具盒说："我想要棉签。"梓续换了棉签后，速度明显加快，十分钟后就画完了。其他小朋友也陆陆续续完成了罐子的装饰。

3. 活动的分析与改进

幼儿比较习惯油画棒的用法，对于画笔的使用还是不够熟练，下笔的时候很手重，特别是一些比较精细的笔触，如叶子、点点、细线条等，都不能很好地描画出来。教师可以投放小号画笔或者棉签等工具，帮助幼儿完成比较精细的画面。还可以投放一些特殊图案的镂空模板，如，五角星、爱心等，丰富孩子的装饰需求，提高完成作品时的成就感。

五、活动反思

幼儿通常在遇到事情的时候，习惯性地报告老师，寻求老师的帮助。教师应善于观察，善于倾听，善于捕捉幼儿的信息，才能了解幼儿的一言一行，才能了解幼儿真正的困难和需求，才能在合适的时机引导孩子，把他们自主学习的兴趣推向更高层次。

快乐·涂鸦墙

小班农民画绘画活动

吴小艳

一、活动背景

　　惠州龙门的农民画是一种广东省传统民俗绘画艺术，主题丰富、色彩鲜艳、线条流畅，为了让幼儿园的孩子也可以在美工区域活动中了解龙门农民画，体会龙门农民画的美感及丰富的色彩，感受农民画中强烈的色彩对比，教师在班级美工区设计涂鸦墙，利用各种工具，通过涂鸦的方式让小班孩子体验农民画色彩的多样性。幼儿因生理、心理、行为、语言等的各方面因素的不成熟，所以往往希望借助一些图画符号、肢体动作等来表达自己内在的思想和情感，其中涂鸦就是他们最常见的表现形式。

二、活动准备

（一）所需材料

　　各种龙门农民画，挑选具有强烈对比色的涂鸦颜料（红、绿、蓝、黄、橙、褐色等），涂鸦工具（滚筒、印棉、画笔等），罩衣。

（二）环境创设

　　美工区墙面设计为涂鸦墙，区内展示龙门农民画供幼儿欣赏。

操作材料

三、幼儿的兴趣和前期经验、教师预期

　　涂鸦对于幼儿园的孩子来说，是一种游戏，是一种轻松、愉快、易行的活动，是一种不受限制的绘画形式。孩子们可以尽情地表达，它可以是一些无序的线条与点的组合、可以是天马行空的色彩想象画、可以是看到的自然景物、可以是刚学到的新本领的再现……幼儿时期的随意涂鸦和涂画都是由本能的冲动产生的，所以这是一种纯自然的表达方式，是幼儿智力和认识的体现。小班幼儿对于物体的美感和形象思维还处于启蒙阶段，虽然他们有丰富的想象力，但是孩子没有能力去表现，这时教师需要帮助幼儿唤起表现物体清晰的意象，让孩子欣赏农民画，感知不同画作的内涵和其中的意义，认识色彩了解色彩的搭配，从而慢慢激发幼儿的内在学习

动机，让幼儿愉快地接受教育，成为学习的主人。

四、活动内容与过程实录

（一）活动推进一

1.谈话活动

进区前教师在集体中通过谈话活动向孩子介绍美工区的涂鸦墙，并展示了几种工具（树叶印棉、小汽车滚筒、小脚印印棉、花朵滚筒、水粉笔等）及准备的对比色颜料（红、绿、黄、蓝、橙等），引起幼儿的兴趣。

2.幼儿进区活动，教师观察指导

幼儿在教师的协助下穿好罩衣，在老师的提示下拿自己喜欢的工具进行涂鸦。由于工具吸的颜料比较多，刚涂到纸上会有一些颜料流下来，孩子们显得有点紧张。这时老师会示范，使用之前把工具在颜料盒边刮一下，印上去的时候轻一点。接下来的操作让孩子再慢慢摸索，这个过程中孩子们会交换工具再重新体验，偶尔会把工具放错颜料盒，蘸错颜料。这都没关系，此时锻炼的是孩子大胆作画的习惯，而且偶尔的窜色也会显得更丰富。孩子们进行了二十分钟的涂鸦，会交流各自涂鸦出来的作品，结束后老师让涂鸦的孩子向其他幼儿分享了自己的经验。

幼儿涂鸦

3.活动的分析与思考

小班的幼儿初次接触涂鸦，会显得无所适从，或者在操作之前由于经验的限制会觉得自己弄得不好，然后就跟老师说"我印错了""我不会弄"，如果老师这时候给予否定，那幼儿会越来越被束缚，越来越不敢尝试。教师所要做的是给予积极的鼓励，对于他们的涂鸦行为给予肯定，用语言加以引导，必要时跟孩子一起涂鸦，让孩子尽情体验涂鸦的乐趣。

4. 实施措施

游戏中鼓励幼儿说出使用什么颜色印出什么图案，它们像什么？你还想印什么？画什么？

（二）活动推进二

1. 活动导入

美工区的涂鸦操作活动进行了两周，每个孩子都在美工区体验过涂鸦游戏，在原有的工具上老师又添加了几种涂鸦工具（小草滚筒、爱心印棉等），涂鸦的颜色也增加了两种（绿、橙）。

2. 操作活动

经过第一次活动的操作，第二次进入孩子们就比较得心应手，没有那么的小心翼翼，有了之前的操作经验，使用工具起来比较熟练，也会有自己的想法。之前涂鸦大多数是自个儿涂自个儿的，现在会合作，其中一个小朋友印了小草会跟旁边小朋友说：你印一些花朵吧。相互间多了沟通与合作，出来的画面更和谐、更丰富。在色彩方面也会有一些想法，尝试学习搭配色彩。

幼儿涂鸦

3. 游戏的分析与指导

"你觉得我画得怎么样？""你还需要画什么吗？"孩子们在涂鸦墙上用颜料、印棉、滚筒等材料自主体验创作的乐趣，同时相互间也多了交流与合作。这时教师无须过多的介入，只要没有破坏性的动作，可让孩子们自由创作。

4. 实施措施

游戏中鼓励幼儿进行色彩的搭配，如绿色的小草上面会开什么颜色的

小花？马路上会有什么颜色的小汽车？

（三）活动推进三

1. 经验的积累

有了前期的经验，孩子们对色彩及线条有进一步的感知，从使用工具为主的涂鸦过渡到使用画笔进行点、线的创作。

2. 创新游戏

运用想象，进一步理解线条。有了以上的体验和认识，我继续引导孩子们对线条展开丰富的想象："线条宝宝是一个可爱的孩子，在我们的周围到处都能看到它。"指导孩子画圆点、圈、线条，引导孩子探索画法，隔空练习。（注意，圆点娃娃身体很小哦，鼓励幼儿合作连线，线条不要太长，圈圈可以旋转绕，线条可以帮它们拉拉手，可以横着拉，可以竖着拉，也可以斜着拉，等等）

五、活动的特点和幼儿学习发展的价值

小班孩子喜欢涂鸦，享受在画纸上涂抹的快感，在随意涂抹的过程中摆动手臂在纸上留下的痕迹，伴随这种愉快的"自我发现"的感觉经历，随之产生浓厚的兴趣冲动。同时，孩子在认识色彩感知线条的过程中，涂鸦对孩子的心理也有一定的调整作用。

六、活动反思

涂鸦对小班孩子来说是最适合的一种绘画形式，但受经验的限制，小班孩子对于具体物体的形象还比较模糊，因此前期的准备工作也应包括对外界的观察与认识，例如：加深幼儿对农民画的认识和理解，观察画作的色彩搭配等；另外教师在涂鸦工具的收集和投放方面也要多花心思，丰富的工具能让孩子更有兴趣进行涂鸦活动；教师还发现有时候孩子们合作创作好一幅作品，欣赏过后没办法保存画作，孩子们会有点失落，如能进行后期的展示更能提高孩子的自信，因此建议把孩子的画作用相机拍下来，再进行后期展览供大家欣赏。给孩子一面涂鸦墙，既能让孩子用自己喜欢的方式进行艺术表现活动，也能让孩子大胆地表现自己的情感和体验，并对提高孩子的艺术表现力、自信心等都有着积极的作用。教师会在观察和引导中不断提高孩子们的涂鸦能力，让孩子们快乐涂鸦。

农民画里的植物

中班农民画绘画活动

李慧娜

一、活动背景

    暮春，大自然生机勃勃，孩子们在踏青活动中发现了各种各样的植物，兴致盎然。于是尝试在美工区开展临摹龙门农民画里植物的美术活动，但因为中班幼儿小肌肉发展的实际情况，我们尽力挖掘素材，选取合乎幼儿年龄特点的内容，运用自主探索的活动方式，并采取适当的形式进行表现。使幼儿既能轻松获得成功，又能对临摹龙门农民画植物活动产生兴趣。

二、活动预设目标

    （一）欣赏龙门农民画的作品，感受作品中色彩、点、线所营造的写意美。

    （二）尝试用色块、点和线大胆地表现与创作农民画里的植物，初步掌握勾线填色的方法。

    （三）体验创作的快乐，激发幼儿热爱家乡的情感。

三、活动准备

（一）活动资源准备

对龙门农民画关于植物绘画的收集与展示。教师发动家长通过各种渠道收集绘有植物的龙门农民画，在班级设置龙门农民画关于植物的展览区域，提供近距离自由欣赏龙门农民画的空间。

（二）儿童的兴趣和前期经验

1. 儿童心理学研究表明，最能引起学龄前儿童情绪体验的是色彩，而不是外形。"随类赋彩"是龙门农民画色彩构成的要素。也是龙门农民画的基本着色方法，与儿童的着色方法竟不谋而合。龙门农民画的色彩保留了这种天性和童真，这也是龙门农民画容易与儿童沟通和感染儿童的地方。

操作材料

2. 孩子随着年龄的增长，从小班时的没有构图意识到中班末期对周围环境的认识日益增加而使画面构图丰富而生动，达到了点面平衡的美感以及色彩运用的丰富性。

四、活动内容与过程实录

（一）活动一：木瓜树

1. 进区前谈话，引导幼儿欣赏木瓜树的图片，感受木瓜树的造型。

（1）教师：昨天媛媛小朋友从她乡下老家给班里带来了奶奶种的木瓜，你品尝后，味道怎么样？（孩子们各抒己见，并提出木瓜到底怎样生长的疑问）

（2）教师出示图片：你看到了什么样子的木瓜树？你觉得它像什么？

（3）教师：如果让你来画木瓜树，怎么来表现树干树叶的高低和木瓜的排队呢？

2. 引导幼儿迁移已有作画经验，探索表现木瓜树色彩的方法。

孩子们在从小班起就熏陶在农民画绚烂的色彩里，因在阳光照射下木瓜树郁郁葱葱，她们给它定了两种蓝色过渡，白色的木瓜花在一些成熟木瓜橙黄的映衬下，也被赋予了橙色系，排队整齐的木瓜也从底部开始出现三种渐变色。

3.幼儿操作过程中，把兴趣点都盯在了木瓜叶的造型和渐变色上，会互相交流冷色系与果实暖色系的渐变。

4.区域反思中集体欣赏幼儿作品。

教师引导幼儿思考：谁愿意来介绍一下你的木瓜树？

（活动延伸继续用此画法思路表现"可爱的木瓜树"。还可以欣赏多株木瓜树的图片，引导幼儿绘画多株木瓜树及添画背景）

5.活动的分析与思考。

整个活动幼儿自主、积极投入，兴致很高。活动中发现，幼儿在差不

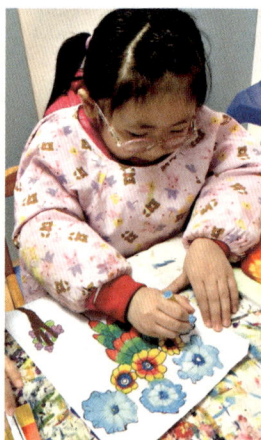

幼儿作画 —————————————————————————————— 幼儿作品

多两年的农民画熏陶中对用纸张作底板已熟能生巧，完成效果较好。考虑到增进孩子们的兴趣，下个农民画活动需要提供不同的材料作底板。

（二）活动二：夏天的荷花

1.进入夏季双休日，孩子们周一回园在早餐区悄悄互通消息，几对亲子偶遇荷花亭，感受荷花的多种形态，有人还对用缸养荷花充满了兴趣。于是，在周二美工区变魔术似的出现了一个小型陶瓷缸。

（1）师幼区域谈话：现在是什么季节？你们喜欢夏天吗，听说好多

小朋友和爸爸妈妈去荷花亭看荷花呢?

（2）表演魔术"荷花缸"，导入"夏天背景板"，引导幼儿欣赏并提问："你都看到了什么？荷花有哪些形态？你也变个魔术把荷花长在缸壁上可好？"并讨论缸壁布局。

2.第二个魔术——荷花开了，讲解"粗糙面"的构图画法。用瓦片尝试用笔。感悟要领。

3.幼儿作画，教师指导。

（1）指导幼儿先用油性笔勾出自己喜欢的荷花形态，并大胆添画夏天的景色。

（2）指导幼儿画完后选择自己喜欢的水粉颜色进行罩染。重点观察幼儿蘸色、罩染的情况，鼓励和引导幼儿大胆尝试快速、均匀的罩染方法。

幼儿作画

幼儿作品

4.引导幼儿展示、欣赏、评价作品。

五、活动反思

整个活动从环节和过程上看还是比较流畅的，从目标的达成度来看，孩子们感受到了不同形态的点、线、面在农民画不同作品中所表现出的事物、意境都是不同的。

不足之处：虽然活动前半部分孩子们对点、线、面作品进行了充分的欣赏、感受与表达，但要孩子们迅速地内化，并在农民画作品中形象地呈现，从今天孩子们的绘画作品来看，显然是有一定的难度的。

改进策略：在之后的对比环节中，提问可以从简，对作品情感色彩的剖析可以省略，重点引导孩子去观察作品中线条、点和色块的不同表现手法即可。

在后续的学习农民画活动中，我会用各种活动形式展示幼儿自己的艺术作品，亲身体验龙门农民画的美丽，增强了幼儿参与龙门农民画欣赏与创作活动的兴趣，也多通道地培养了幼儿对美的欣赏和表现创作能力。

丰收的果实

中班农民画绘画活动

邬晓君

一、活动背景

我班幼儿经过小班对农民画的欣赏及了解，知道农民画的色彩特点是多用原色和间色，色彩明快鲜艳，对比强烈，有主色调，一般有两个主导颜色占大面积，使画面统一，其余颜色要少点。我班幼儿在此基础上，对颜色的搭配有了更进一步的了解。构图夸张，大方饱满，富有寓意。

二、活动预设目标

（一）利用农民画的特点，初步尝试运用重叠和近似色的方法来表达农民丰收果实的景象。

（二）鼓励幼儿大胆在画面中表现，发挥自己的想象。

（三）通过作画，享受作画带来的乐趣，感受农民丰收的喜悦之情。

三、活动准备

（一）所需材料

有关开展活动所需的各种农民画作品、水粉笔、丙烯颜料、画纸。

操作材料

（二）环境创设

用中大班孩子的农民画作品布置美工区的环境。部分粘贴在作品墙上，部分装订成册供孩子翻阅。

环境创设

四、活动过程

（一）活动推进一

1. 谈话活动

教师：小朋友们，你们看过这些图画吗？它们和我们平时自己画的画有什么不一样呢？谁可以说一说？（教师出示 PPT 图片，让幼儿欣赏、观察农民画，引导幼儿认识农民画的颜色与现实事物颜色的反差这一特征）

2. 幼儿进区操作，教师观察指导

我们班的大部分孩子对绘画活动有着浓厚的兴趣，今天进区的孩子们选择了临摹农民画的活动，澄澄和彤彤小朋友选择了临摹。一树、一人、一筐、一果实，直线、曲线、点、圆等，每样事物都用不同的方式表达出来，虽然两个小朋友沿边画面的布局能力还有待加强，但是能够根据图意临摹出来已经非常棒了，于是我给她们每人一个大拇指，她们的脸上流露出获得成功的喜悦。随后，幼儿

幼儿作画

在作画时，教师进行观察指导。观察幼儿调换颜色作画的情况，观察幼儿能否大胆地画，能否添画自己喜欢的东西、共同收拾整理丙烯颜料。

3. 活动的分析与调整

孩子们对于农民画的认知较少，所以孩子们在创作的时候还是有些吃力。今天选择临摹的两名幼儿绘画基础比较踏实，对作画的兴趣较浓厚，在作画的过程中，幼儿也可以抓住农民画的基本特点画，但在色彩运用方面要加强，颜色可以再丰富一些，提高画面美观。

4. 实施措施

（1）提供现实农村丰收的图片给幼儿观察，收集多种不同背景形式的农民画作品供幼儿欣赏、观察，提醒幼儿采用多形式的技巧表现作品。

（2）给幼儿普及色彩搭配及运用的方法、技巧。

（3）多次练习，熟能生巧。

（二）活动推进二

1.经过第一次活动的经验，孩子们在进入第二次活动的时候有了较大的进步。今天进区的是川川、辰辰和霖霖，这三位孩子经过一段时间的作画练习，有了不小的进步，所以进区作画的创作能力增强了许多。他们很快画出一幅结构丰富、层次分明的果实丰收的场景图，熟练地用水粉笔蘸着颜料，根据作品运用"平涂、测画、点画"的技巧，还用平行的方法画出果树，用三色来涂色，一会儿，白色的画纸就呈现出栩栩如生的景象，仿佛置身于丰收的场景。然后在树上用笔以点画的形式画出水果。整个过程孩子都很投入，画出的效果富有孩子们的个性及灵魂。在绘画过程中能将物品放回原位，保持画面整洁，操作熟练。然而川川小朋友的情绪过于高涨，导致操作步骤有些乱，使用丙烯颜料时，颜色间的调配不够娴熟，他迫不及待地寻求辰辰的帮助，眼睛时不时往辰辰的画面看，还问他为什么这样画……这时我上前给予一定的引导，颜料的调配、画面色彩的布局一一讲述后，川川也似乎听明白了其中的道理，最后把整幅画涂完。

幼儿作品

2. 游戏的分析与思考

随着活动的逐步深入，孩子们在原有的基础上自己设计画面，画面富有层次感，用色会用鲜艳的相近色。孩子们很认真地投入作画，经过老师的引导，画出的每幅作品都赋予了孩子的灵性。教师鼓励幼儿创新，并引导幼儿学会观察画面中事物与人物间的关系，以浓墨重彩渲染人们丰富多彩的劳动和生活，大胆表现出自己观察到的画面景象。

3. 实施措施

（1）多让孩子练习作画，并在原有的绘画基础上进行创新作画。

（2）采取多种方式进行涂色练习，丰富幼儿的色彩经验，让幼儿对色彩有深一层的感知。

五、活动反思

龙门农民画是本土民间艺术文化的精髓，既传承了中国农民画艺术深厚的文化积淀，又突出了惠州文化独特的民俗民间特色，体现了民间艺人的智慧和丰富想象力。把农民画引入到孩子们的操作活动中，有利于幼儿绘画技能的发展，更加有利于孩子了解惠州的本土文化，对本土民间艺术的传承起到一定的积极作用。

活动中，除了掌握绘画的技能以外，每个幼儿心里都有一颗美的种子。所以充分创造条件和机会，让幼儿在大自然和社会文化生活中萌发幼儿对美的感受和体验，丰富其想象力和创造力。在活动中，在孩子进行思考时，教师"不参与"，是为了给幼儿提供充分的自主活动的机会；孩子遇到困难时，教师"不参与"，有助于幼儿独立性与自主性、合作性的培养。这样教师才能与孩子共同进步、共同发展。

丰收
中班农民画绘画活动
甘丽梅

一、活动背景

秋天的果园、田野、为我们展现了一幅幅绚丽多彩的画卷。树叶像飞舞的精灵飘落在孩子们的面前，甜美的果实吸引着孩子们去品味。通过感受这美丽多彩的季节，体验收获的乐趣，从而引导幼儿懂得珍惜劳动成果。本次活动以绚丽多彩的丰收季节——秋天为主线，紧紧围绕《纲要》的要求并与农民画课题相结合，引导幼儿大胆尝试利用各种绘画工具和材料，以夸张、粗犷、用色简洁的形式表现丰收的景象，体验丰收带来的喜悦。

二、活动预设目标

（一）初步了解农民画的特点，尝试色彩布局和大胆构图。

（二）鼓励幼儿大胆画出丰收的景色，尝试在原有的作品画上进行添画。

（三）欣赏有关秋收的农民画的艺术美，激发幼儿热爱自然的情感。

三、活动准备

（一）材料准备

1.以"秋收"为主题的农民画作品若干。

2. 水粉笔、铅笔、油画棒、各种水粉颜料。

3. 画纸、牛皮纸、纸盘、纸伞等。

4. 儿童罩衣若干、小水桶若干。

（二）环境创设

1. 请家长帮忙收集有关秋收的图片，在美工区布置展览为幼儿提供近距离感受秋天丰收的喜悦与美。

2. 在班级墙上展示有关"秋收"的农民画作品以供幼儿欣赏。

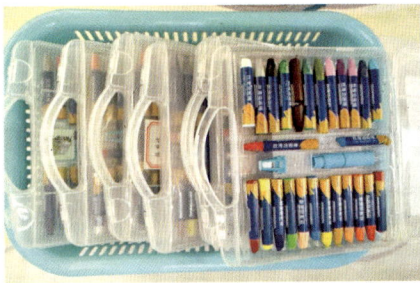

操作材料 ◇◇◇◇◇◇◇◇◇◇◇◇◇◇◇◇◇◇◇◇◇◇◇◇◇◇◇◇◇◇◇◇◇

四、活动过程

（一）活动推进一

1. 谈话活动

春夏秋冬四季，自然界会告诉你什么是千变万化。提起秋天，我们便想到了"丰收"。草儿黄了、树叶落了、树上结果了，果树上丰硕的果实每个人都喜爱，农田里高粱红了、棉花白了，水稻、小麦都变成了金黄色，所有都一切在我们眼里都在闪闪发光。

引导幼儿观察花草树木的变化及秋天的果实，感受秋天独特的美，体验收获的乐趣，从而懂得珍惜劳动成果。最后展示农民画作品，引导幼儿观察了解农民画特点。通过观察交流，小结出农民画的特点就是整幅画面色彩艳丽、饱和夺目；造型简洁，以色块为主，构图大胆夸张。

幼儿作画

2. 进区活动

（1）鼓励幼儿大胆画出丰收的景色，可以在原有的作品画上进行添画。

（2）教师巡回观察幼儿作画，引导幼儿解决创作中的困难。

3. 作品展示，并进行小结

介绍具有特色的作品并请幼儿分享创作作品后的喜悦之情，最后将作品展示在展板上。

4.活动分析与思考

通过欣赏龙门农民画，可以看出幼儿对于"农民画"的喜爱。小朋友都喜欢色彩艳丽的东西，对于极具特点的农民画具有浓厚的兴趣。但是只仅限于兴趣阶段，对于更多的认知还需要进一步引导。现代幼儿对农村生活接触比较少，可以提倡亲子出游去体验农家乐趣等活动形式，增加了解农村的机会。

5.调整措施

（1）鼓励幼儿大胆创作。

（2）加强家园共育，丰富幼儿对农村景象的认识。

（二）活动推进二

1.活动过程与实录

丰收的不仅有水稻，还有小麦等。幼儿将自己的绘画作品展示出来，去欣赏，去发现，去对比。不仅从构图，还有色彩方面去比较。幼儿有了模糊的意识，"我需要怎样去构图，去涂色，效果会更好。""我的画很不错！"这是今天选择美工区的小朋友在讨论自己的农民画，他们选择自己感兴趣的丰收物产来进行创作。构图方面也有自己的想法，上色也选择了水粉颜料。色彩搭配选择了黄色为主色调，红色、绿色为辅色调；涂色过程欠缺的是色彩浓淡的掌握。在整个区域时间都在专注的创作，在接近完成的时候，都会去看看周边小朋友的作品，并进行讨论交流。

2.活动分析与思考

在创作阶段，幼儿会更多地去了解细节、构图、色彩，还有夸张的表现形式上，不同于常规的表现手法吸引了他们的目光。对于构图和细节关注不多，难点也在于构图上。

本土特色的农民画，不仅可以引导幼儿了解本土文化，更加直观的去体验农民画的特色，大胆的创作。同时，乡土气息扑面而来的农民画，培养幼儿热爱家乡、热爱艺术的思想情感。

3.调整措施

（1）绘画源于生活，而现今的生活过于城市化，我们可以鼓励幼儿去发现更多的农村生活的美好。引导幼儿加上人物或者动物，以夸张的表情来显示喜悦之情。

（2）不断开发大脑，丰富幼儿的想象力。在构图方面引导幼儿，大胆的创作，不论大小，构图以色块模式来奠基。

五、活动反思

教师平时注重各方面知识的积累，这样有利于在非固定模式的活动中引导和启发幼儿，在活动中密切关注幼儿的进展情况，提供及时的帮助和引导。通过收集的秋收图片及视频，还有不同风格的农民绘画作品引导幼儿欣赏，并讲述一些民间艺术的渊源和故事，吸引幼儿兴趣。

接触农民画初期，吸引幼儿的是农民画夸张的表现形式。小朋友都喜欢色彩艳丽的东西，对于极具特点的农民画具有浓厚的兴趣。浓烈的用色充斥着幼儿的审美意识，同时引领幼儿感知追求健康、丰富的现代美好生活的画面展示。

农民画多用原色、间色，很少用复色，整幅画面色彩艳丽、饱和夺目。基于兴趣更有利于引导幼儿去更多的了解龙门农民画的特点及表现形式。幼儿对画的颜色及构图组成掌握得比较好，"这颗白菜好大啊！""漫山遍野金灿灿的，好漂亮哦！"小朋友会时不时地发出类似的感慨，他们的观察更深入仔细。

根据中班幼儿的年龄特点，引导幼儿去欣赏农民画的艺术美，去探索农民画带来的农村丰富的景色。把家乡的本土民间艺术资源用于幼儿园的特色艺术教育，不仅能够培养幼儿的审美能力，激发幼儿向往美好、探索美的事物的兴趣，还能够让幼儿从小接受本土传统文化的熏陶，培养幼儿热爱家乡、热爱艺术的思想情感。

龙门农民画系列活动

大班农民画绘画活动

马伟霞

一、活动背景

龙门农民画以浓墨重彩渲染人们丰富多彩的劳动和生活，以节庆喜事、特色民俗、田间劳动为主要题材，深刻反映出当地"南蛮文化"的风采和人民群众对生活的热爱。我以龙门农民画作为欣赏对象，目的在于让孩子了解祖国的传统文化，它浓烈的色彩，鲜明的艺术风格很容易吸引孩子，符合孩子对色彩敏感的心理特点；幼儿园的美术活动是为了让孩子具备初步的审美意识，激发他们喜爱龙门农民画的色彩；在欣赏的基础上，让孩子了解龙门农民画的表现形式和手段，进而自主创作，培养热爱中国传统艺术的美好情感。

二、活动预设目标

（一）了解龙门农民画是以人们丰富多彩的田间劳动和生活，为主要题材而生成的绘画作品。

（二）知道龙门农民画的色彩特点，以及用夸张的手法表现人物、动物勾画的特点。

（三）萌发喜爱龙门农民画，热爱中国传统艺术的美好情感。

三、活动准备

（一）农民田间劳作、节庆喜事等视频、多媒体课件、各种形式装裱的龙门农民画、各种颜色的丙烯颜料、画画纸、水粉笔，等等。

操作材料

（二）教室内墙上挂有关龙门农民画的成品图，供幼儿欣赏。

画作欣赏

四、活动过程

（一）活动推进一

1. 活动观察

最近小朋友对色彩产生了极大的兴趣，他们已经不满足涂大色块，希望可以向难度挑战。今天，选择美工区的小朋友搬椅子坐好，很认真地观看"农民伯伯在稻田里耕种，黄牛在池塘边喝水，小鱼在鱼塘里快乐地游着"的视频。看完视频，老师抛给孩子一个问题："你们都说农民伯伯的衣服好看，哪里好看？为什么？如果你来涂色，你会选择什么的颜色呢？"婷婷说："他的上衣要用红色，裤子要涂黄色。"凯凯说："黄牛身上要涂棕色，尾巴还要加点黑色。"彬彬说："小鱼儿在水里游，我要涂蓝色。"婷婷听见后立马纠正他说："水是蓝色的，小鱼儿也是蓝色，两种颜色重叠了，不好看，可以选择别的颜色。"彬彬赶紧去拿了绿色和白色的水粉颜料。其他小朋友迫不及待地要动手给农民伯伯的衣服涂色……小朋友都很细心地涂色，都想把自己的作品展览在画板上。

2. 活动分析

通过观看农民田间劳作、节庆喜事等视频片段调动幼儿学习的兴趣。婷婷发现农民伯伯上衣用红色、裤子用黄色，在颜色上形成了对比色。彬彬要把小鱼涂成蓝色，婷婷立马表达了自己的见解：用别的颜色可以让小鱼和水区分开来。孩子虽然不能提炼龙门农民画的特点，但是，孩子是能初步感知对龙门农民画浓烈色彩的感受。

3. 推进调整

孩子对龙门农民画平时还是接触比较少，在用色方面会比较普通，对比色的运用还不到位，所以，在活动结束后我做了调整。老师带着孩子找找课室里有没有农民画，一起感受农民伯伯身上穿的衣服，头上戴的斗笠，他们脸上的表情，田间的小鸭子，田间秧苗和田埂大色块的颜色对比。通过欣赏各种表现形式的农民画作品和老师的引导，孩子们渐渐了解龙门农民画的表现形式和手段特点就是整个画面的色彩对比鲜明，劳动人民脸上具有夸张的表情。这次孩子们的作品有了很大的进步。老师准备了难度不一的勾好线条的农民画，降低难度，让幼儿在已有欣赏经验的基础上给农民画涂上鲜艳的颜色，为下一次的活动创作农民画做好铺垫。从艺术角度来说，龙门农民画突破了焦点透视、比例、结构等基本绘画方法的束缚，小朋友可以大胆运用夸张变形的艺术手法进行自主创作绘画。

（二）活动推进二

1. 活动观察

活动开始前，孩子们一起欣赏了活动推进一完成的作品，小朋友进一步感知龙门农民画色彩的鲜艳及表情的夸张。婷婷说："小鸭子穿着黄色的衣服在水里游，小鸭子很开心。""我喜欢一大片绿绿的秧苗，农民伯伯身上的花衣服我一眼就看到了！"悦悦大声地说出自己的意见。教师引导孩子们说："今天老师准备了四种材料，你们可以自己创作绘画人物、动物、田间的秧苗、河塘里的鱼等等，比一比，看看谁的作品颜色最有创意。"悦悦选择难度较大的材料——白纸和水粉颜料，自主创作农民伯伯身上的花衣服。他画了戴斗笠的农民伯伯，表情很夸张嘴巴大大的，衣服涂了深蓝色之后还加上小白点，说这是小白花。

2. 活动分析

教师准备了四种层次材料，让幼儿根据自己的意愿及能力选择不同的材料来创作农民画，悦悦在绘画上有一定的水平，所以他选择了有难度的操作材料，教师在材料的投放上作了调整，让有能力的孩子通过对自己的挑战、对材料的挑战，达到绘画水平和涂色技巧的进步。通过自评、互评农民画作品，让孩子发现自己的不足和别人的闪光点。点评时应引导他们从构图创作上和颜色的鲜明对比上进行评价，进一步感知色彩的鲜艳对比及表情的夸张。

3. 推进调整

孩子经过一段时间的练习以后，对龙门农民画的特点以及用色都有一定的基础，他们已经不满足在纸上作画，于是老师让孩子把画画在一些竹子编制成的簸箕上、麻布上，然后悬挂起来进行装饰。这样，又大大地提

作品欣赏

作品展示

高了孩子们的创作兴趣。

五、活动反思

（一）活动的特点和幼儿学习发展的价值

本次活动首先通过欣赏农民田间劳作片段调动幼儿对龙门农民画的兴趣，萌发喜爱农民画的美好情感；其次在已有欣赏经验的基础上给勾勒好线条的农民画涂色；最后才让幼儿自己设计创作农民画，层层深入。在活动中准备了四种不同能力层次的农民画材料，充分考虑到幼儿表现能力的差异，给幼儿自由选择的机会。

（二）游戏活动不足之处

由于幼儿能力水平的差异，部分幼儿在创作农民画时线条还不够流畅，色彩也不够鲜艳，不能很好地表现出农民画的特征，在平时应注重幼儿线条的练习及色彩的搭配。在活动中应加强幼儿观察能力的培养，只有在观察的基础上才能更好地了解农民画表现形式和手段，为"自主创作农民画"这一环节做好知识经验的准备。

丰收的季节

大班农民画绘画活动

曾晓萍

一、活动背景

孩子们经过小班、中班两年的涂鸦、涂色技巧练习，开始能大胆下笔作画了。一直生活在城市的孩子对画农民画感到非常新鲜，农民画丰富多彩的画面，较好地吸引孩子们直观了解农耕、农村生活情景、乡村习俗等。为了进一步提高幼儿绘画兴趣、绘画技巧，感受农民画的色彩，不断感受家乡的民俗风情，激发爱家乡的情感，我班从中班下学期开展农民画绘画活动。

二、活动预设目标

（一）了解惠州龙门农民画的特点。

（二）能够以单线勾画手法，涂上水粉色彩表现画面。

（三）喜欢农民画，乐意与同伴分享自己的农民画。

三、活动准备

（一）材料投放

1. 水粉、画笔。

2. 圆形牛皮纸若干张。

（二）环境创设

1. 美工区投放农民画画册，供幼儿欣赏并学习涂色的技巧。

2. 在美工区张贴农民画，供幼儿欣赏。

操作材料

四、活动过程

（一）活动推进一

1. 由欣赏农民画《丰收的季节》导入活动，萌发幼儿参与活动的兴趣。

教室问：这幅画画的是什么地方？（幼儿回答：农村）你看到了什么？画中用到了什么颜色？你觉得用什么颜色画会更漂亮？

2. 幼儿进区活动，教师观察引导

恒恒拿圆形的牛皮纸画画，他先用小头笔快速地画了一条弯弯的小河，小河把圆形画纸分成了两半；在小河的下方，他沿着河岸一笔一笔地勾勒，画出了一块块大小、形状不一的稻田，画出了一条条曲曲折折的田间小道；小河里随手添画了几只大白鸭，河对岸画了一个小树林，树林上空飞着一群小鸟，树林里画了两排平房。布局了画面他就开始涂色了，所有的稻田使用了近似色：金黄色、黄绿色、绿色相间其中；蓝蓝的小河上排着一群可爱的小白鸭，头戴黄草帽，身穿绿衣裳、黑裤子的农民伯伯拿着锄头在辛勤地劳作。树林里高大茂盛的大树、圆圆的

幼儿作画

作品展示

小树，橙色屋顶白色墙的平房点亮了整个树林，蓝色、紫色的小鸟与小河相呼应，为整幅画增添了灵气。

3. 活动的分析与思考

幼儿在大班已掌握一定的绘画技能，能大胆尝试勾画农村的农耕场景表现农民画，画面布局基本合理，内容符合主题，基本达到第一次活动的目标。但恒恒在布局稻田与田间小道时画面比较乱，勾画鸭子时比较粗略，鸭子的外形特征、戏水的动态没能细致地表现好。

4. 调整措施

带领幼儿欣赏农民画，进一步引导幼儿学习画面布局、细致地勾画动植物，提示幼儿色彩的搭配。

幼儿作画

幼儿作品

（二）活动推进二

1. 谈话活动

展示活动推进一小朋友的作品，与幼儿讨论：你觉得这幅画哪里画得好？哪些地方可以改进？

2. 幼儿进区活动，教师观察引导

垠垠胸有成竹地拿起小头笔，从圆形牛皮纸的上方开始起笔，先勾画了两只小燕子，然后沿着圆边避开小燕子画了几条随风飘荡的垂柳，垂柳左下方画了许多间砖房，有4间连一起、3间连一起、2间连一起的，每间房子的屋顶上都有一个高高的烟囱。

在房子下方圆形牛皮纸直径处横画一条弯弯曲曲的小河，小河里画有五只胖嘟嘟的鸭子，有的抬头张望，有的拍动翅膀；房子和小河之间画了两排小树，中间有一条小道，小道上行走着两个农民阿姨，头戴草帽，手里拿着镰刀，准备去地里收割稻谷。小河下方全部规划成稻田，寥寥几笔画出了一块块大小形状不一样的稻田。涂色时垠垠很细心，房子是红的墙、蓝的窗、黑色的屋顶，小树、人物、动物比较小，涂色就更加细致，她用黄绿色系的颜料去装饰小树、稻田，用深蓝向浅蓝过渡、加上白色颜料表现滚滚流动的小河。整个画面给人感觉线条细致流畅、画面鲜艳，农民画的味道很鲜明。

3. 活动的分析与思考

垠垠已掌握一定的绘画技能，能胸有成竹地大胆尝试勾画农村的农耕场景，从上到下布局画面，能专心、细致地丰富画面内容，在勾画、涂色技能中幼儿表现沉着，画面整洁，涂色细心，画面展现了丰收季节的景象，让老师和小伙伴们眼前一亮。

4. 调整措施

搜集有关农耕的农民画供幼儿欣赏，让孩子观察农民劳动的动态，并引导幼儿大胆画出正在劳作的农民。

五、活动反思

我班美工区开展农民画绘画已经有一年的时间，幼儿经过欣赏系列农民画，感受了农民画夸张、变形、富有民间特色、色彩鲜艳等特点；孩子们每天都会相约几个好伙伴进美工区画农民画，互相讨论、互相学习；孩子们对农民画的喜爱得到了家长朋友的大力配合，他们三五结伴利用假日领着孩子到农村去了解农民的生活环境、了解农民辛苦劳动的场景，现场写生等活动，大大提高了幼儿画农民画的兴致。在活动中，教师还需更加深入地挖掘农民画更广阔的题材，引导幼儿大胆运用夸张、变形等手法，多使用原色和间色，用其他颜色做点缀，帮助和支持幼儿进行持续性的探索和实践，发展幼儿的想象力，为幼儿提供展示交流的机会，增强孩子的自信心，激励幼儿在想象、创作中加深对惠州本土民间文化的了解。

小·村庄

大班农民画绘画活动

刘惠红

一、活动背景

我们班小朋友有涂色块的基础，在区域活动中，他们对龙门农民画兴趣特别浓厚，色彩应用非常丰富。经过小班、中班的涂色，模仿画树、伞、水果、小动物等，有一定简单画龙门农民画的基础。为了孩子更加了解小村庄，在美工区域投放各种小村庄农民画作品供幼儿欣赏，引起孩子们对小村庄的兴趣。

二、活动预设目标

（一）通过欣赏、临摹龙门农民画，了解农民画的起源、艺术特色和在民间艺术中的地位，感受其夸张、强烈的表现手法。

（二）学习运用农民画装饰手法大胆表现生活中的感受，学习创作一幅农民画。

（三）激发幼儿热爱本土民间艺术的情感。

三、活动准备

（一）材料投放

有关开展活动所需各种农民画作品、水粉笔、铅笔、蜡笔、各种颜色水粉、各种颜色丙烯、画纸、宣纸。

（二）环境创设

用本土农民画作品布置区域环境。

操作材料

四、活动过程

（一）活动推进一

1. 谈话活动

教师出示图片，让幼儿观察农民画的特征。引导幼儿认识农民画的颜色与现实事物颜色的反差。小村庄的房子很多是小瓦房、小楼房，还有田地、农作物、在田间劳作的农民、动物（鸡、鸭、鹅、小狗）等景象。教师：你们有去过农村，可以说说你对农村的印象。

2. 幼儿进区，教师观察指导

明明、媛媛进了美工区，开始选择材料，他们选了画纸、小头笔，教师引导他们临摹画小山村，用重叠的画法画树和房子，多种相近色和过渡色装饰作品，或用圆圈、直线、曲线来装饰。老师给孩子发纸，幼儿绘画，教师观察指导，观察幼儿调换颜色画的情况，观察幼儿能否大胆地作画，能否添画自己喜欢的事物。共同收拾整理水粉颜料结束活动，评价作

幼儿作画

品，教师总评幼儿的作品，表扬大胆用色的幼儿，纠正个别幼儿不正确的绘画习惯。例如：串色、颜色不够丰富等。

3.活动的分析与思考

整个区域活动中，由谈话导入，以观察欣赏农民画作品的手法，把整个区域活动贯穿起来，幼儿对本土文化兴趣比较浓厚，在作画的过程中，幼儿基本能掌握农民画的基本特点，画的也比较到位，但是有个别孩子在用色方面要加强，颜色可以再丰富，提高画面美观。

4.调整措施

（1）收集多种不同的农民画作品供幼儿欣赏，也还可以提供现实农村的图片观察。

（2）提供更多的水粉颜色给幼儿使用。

（二）活动推进二

1.活动观察

经过一段时间的练习，孩子们有很大的变化。今天进区的皓皓、宸宸、莹莹、俊俊、佳佳开始进行农民画创作，他们很快画出结构丰富、层次分

幼儿作画

明的小村庄画面，熟练使用水粉笔沾着颜料，根据作品运用"平涂、侧锋、点画"的技巧。还用平行的排列画出瓦房，用三种颜色来涂色，一会儿，白色的画纸就呈现了一幅丰富的画面，然后用笔在树上以点的形式画出水果。整个过程孩子都很投入，画出的效果有孩子们的个性。孩子们在绘画过程中能将物品放回原位，保持画面整洁，操作熟练。

2. 活动分析和思考

整个区域活动过程是孩子们在原有的基础上自己创作，画面都有层次感，小村庄的景色画的有前后错层感，用色会用鲜艳相近色，孩子们很认真投入作画，画出每幅作品都有每个孩子的个性。教师鼓励幼儿创新，并引导幼儿学会观察农村的建筑物和景色，大胆表现出自己观察到的小村庄的布局。

3. 调整措施

在区域活动时，可以要求幼儿临摹作画，在原有的基础上创新。

五、活动的特点及价值所在

（一）活动的特点和幼儿学习发展的价值

龙门农民画是惠州独特的本土文化，以浓墨渲染多彩的劳动和生活场景，以节庆喜事、特色民俗、田间劳动为主要题材。我在区域活动中尝试将农民画与儿童画结合起来，探究怎样用画农民画的方法画儿童画，力求在儿童作品中体现农民画的风格特点，又不失童真、童趣。培养了幼儿的观察能力和审美能力。

（二）活动反思

幼儿基本掌握绘画的技能，且已学会自己想办法解决遇到困难时的解决方法。但在孩子进行思考时，教师采取"不参与"态度，目的是为了给幼儿提供充分的自主活动的机会，这样有助于幼儿独立性与自主性，合作性的培养。另外提供更多吸引幼儿活动的区域材料，激发幼儿的兴趣。

美丽的惠州西湖

大班农民画绘画活动

谭思瑶

一、活动背景

簸箕是我们生活中十分常见的事物。本次活动的生成也是来源于同孩子的偶然谈话，可以说该活动是生成于孩子的兴趣爱好。我园地处惠州市的中心地带，坐落在西子湖畔、合江楼旁，具有独特的自然风光与景观。孩子们每天上学放学都要经过西湖，他们会经常聊起西湖的著名景点。为了让幼儿耳熟能详的事物融入幼儿园的美术教育中，将具有特色的本土民间文化融入于幼儿的学习、生活之中，我决定用本土编织和农民画相结合的形式，将孩子们非常熟悉与了解的惠州西湖引入我们的美术活动中。

二、活动预设目标

(一) 尝试在簸箕上画出惠州西湖的美景。

(二) 通过集体作画的方式，享受合作的乐趣。

三、材料投放

幼儿编织好的簸箕、丙烯颜料、勾线笔。

图 1 操作材料
图 2 幼儿操作

四、簸箕的绘画方法

（一）幼儿先用竹篾编织好簸箕。

（二）用勾线笔尝试在簸箕上进行农民画"美丽的惠州西湖"的绘画。

（三）在画好的簸箕画上用已掌握的农民画对比色彩进行涂色。

五、活动过程

（一）活动推进一

1. 活动观察

在幼儿美术教学中引入簸箕画，激发了孩子们的新鲜感和好奇心。区域活动开始，美工区的孩子们都选择了创作簸箕画。由于簸箕不像纸面一样平整，绘画本身就存在较大的难度。虽然孩子们非常熟悉和了解惠州西湖，也有一定的农民画绘画技巧，但是西湖景色的秀丽，加大了绘画的难度，因此绝大多数孩子都选择运用勾线笔在簸箕上画出大树这一相对简单的图案。即使经过了几天的练习，大多数孩子仍未尝试绘画除大树以外的图案，同时，幼儿更倾向于选择进行其他形式的绘画而非簸箕绘画。

2.活动分析

对孩子们来说簸箕绘画是一次全新的体验，他们感到新鲜好奇，并且敢于尝试。但是，簸箕绘画不同于纸上作画，线条的绘画不像在纸上绘画这么流畅，画面不好把控，而且凭想象让孩子们进行西湖的绘画，难度非常大。因此，大班的孩子虽然了解农民画色彩的基本特征，会用已掌握的农民画常用色彩进行涂色，但是运用簸箕绘画还是第一次，怎样在簸箕上画出自己想要的图案仍然拥有一定难度。从孩子们的作品和交流中发现，由于缺乏对簸箕绘画作品的感受和欣赏，孩子们大多无从下手，而单一的绘画工具也阻碍孩子们在簸箕上绘画时细节的表现。

3.推进调整

（1）材料的调整

①制作簸箕绘画作品的 PPT，利用餐后、离园等课余时间与孩子们一起欣赏簸箕画，引导幼儿了解簸箕画应该注意的事项。

②投放惠州西湖农民画景点的图片，通过大量的欣赏，帮助幼儿丰富审美经验，鼓励幼儿模仿并加以创造。

③增加铅笔、勾线笔、尺子等工具。

（2）活动的调整

①先设计好画什么，再进行模仿、创新。

②组织幼儿讨论如何进行分工合作画西湖。

（二）活动推进二

1.活动观察

自从了解簸箕画的绘画技巧，观看了惠州西湖的农民画作品后，孩子们对簸箕绘画的热情又被点燃了。区域活动一开始，孩子们就开始按照自己的意愿选择同伴，在讨论中确定其绘画的西湖景点，并进行分工创作。通过一段时间的观察，发现孩子们在绘画过程中热衷讨论，使所绘画的西湖更加美丽，例如："画宝塔的时候，我们可以用尺子来把直线画得更直……""你画的房子比较漂亮，你来画房子，大树比较简单，我来画"……

孩子们边画边讨论，特别兴奋。

2. 活动分析

孩子一定是在熟悉的材料或场景中才能充分表现大胆浪漫的创造力和想象力。大量欣赏惠州西湖的农民绘画作品，丰富了孩子们的审美经验，开阔了孩子们的眼界。此外，不同的绘画工具有助于孩子们对绘画作品的

图1、图2 幼儿作画　　　　　　　　　　　图3 幼儿作品

理解和创作，并帮助孩子们刻画细节，使形象趋于完整饱满。通过集体讨论，调动孩子们合作绘画的兴趣，引导孩子在小组绘画中理解分工合作的重要性。而作为教师，则应当致力于提供多种多样的材料，并使之符合孩子们的兴趣，例如：提供多种西湖农民画作品；投放不同的绘画材料，如：马克笔、水粉颜料、水彩颜料等，让幼儿自己探索学习。

3. 推进调整

（1）目标的调整：让幼儿自由选择已掌握的农民画常用色彩进行涂色。

（2）材料的调整：增加排笔、小桶、水粉笔。

（三）活动推进三

1. 活动观察

经过一段时间的簸箕绘画，孩子们能与同伴合作，会用辅助工具勾画西湖景色，能用绘画的方式表达自己对家乡的热爱。但我发现孩子们在簸箕上绘画的表现力慢慢减退，因为老师有制定的目标与要求，而他们还没有很好地掌握在簸箕上面涂色，用色时颜料不够饱满，加水太多；笔尖没有颜色时，也不会及时补上，整幅画用色比较单一，色彩对比色不够强烈。

2. 活动分析

本土民间艺术在各班开展，我们班的重点是编织活动，虽然平常有涉及

幼儿作画

农民画的绘画，幼儿也了解农民画色彩的特点，但是区域活动中运用农民画色彩涂色较少，特别是在簸箕上进行涂色，还是首次尝试，而教师设置的目标和任务，往往制约了幼儿的自由发挥，降低了幼儿的绘画兴趣。在这次活动中，幼儿能够自主选择不同的工具和喜欢的颜色进行绘画，使簸箕的组合绘画更加丰富。在下一阶段的绘画中，教师可以尝试提供更加丰富的材料，为孩子提供更多对比色彩的颜色图卡，激励孩子创造出更多的优秀作品。

六、活动反思

通过这次活动，充分调动孩子参与活动的积极性，给予了幼儿足够的创作和自由发挥的空间。不但了解了农民画，也学会了用农民画的表现手法画惠州西湖，用绘画的形式表达对家乡的热爱。活动中与其固定一个内容让儿童进行死板的绘画，不如更加倾向于给定一个大的主题，在这大主题上让幼儿自由发挥创作，鼓励幼儿充分发挥想象力和创造力。

在这次活动中，仍然存在许多不足，如：最初教师本身所提供的绘画工具和材料不足以满足儿童创作的需求，同时没有更好地引导幼儿发现簸箕绘画本身的美和乐趣。

大水牛
大班农民画绘画活动
江淑萍

一、活动背景

　　龙门农民画是很具惠州特色本土艺术，以浓墨重彩渲染人们丰富多彩的劳动和生活。为了让孩子们更好地认识和感受色彩和龙门农民画的艺术特点。我班在美工区开展了一系列关于农民画的活动。瓦片，陶瓷……民间常见的建筑材料和生活用具，是我们班美工区收集到的材料，孩子在区域活动时在瓦片上和陶瓷上作画，这是一个很好的创意。

二、活动预设目标

　　（一）尝试在不同的材质上表现龙门农民画造型夸张、色彩丰富的特点。

　　（二）结合已有绘画、填色经验，促进想象力的发展。

　　（三）喜欢绘画活动，对龙门农民画保持浓厚的兴趣。

三、活动准备

（一）材料投放

1. 纸、油性笔。

2. 水粉笔、水粉颜料、丙烯颜料。

3. 瓦片、陶罐。

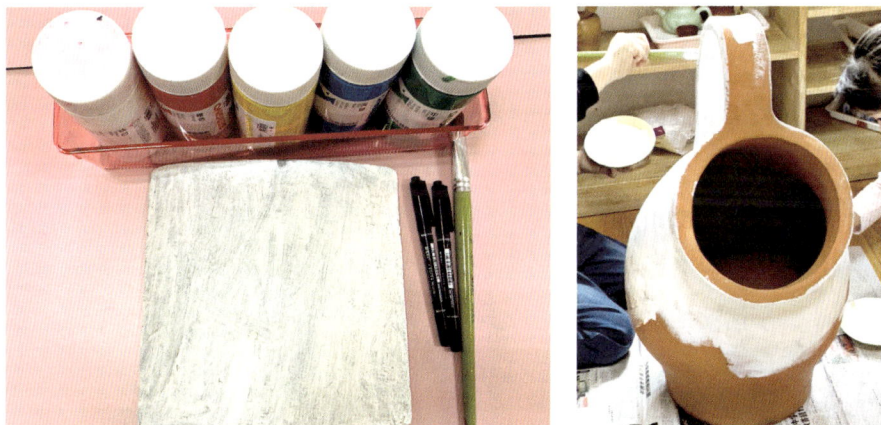

操作材料

四、活动过程

（一）活动推进一：临摹绘画

1. 谈话活动

教师：你们喜欢龙门农民画吗？这些画里面都有什么？这些牛长得什么样？（引导幼儿说出牛的外形特征、动态表现等）

2. 幼儿进区活动，教师观察指导

樾樾进入美工区后拿起了临摹绘画的材料，先挑选了一番，最后选了一张两个农村妇女在插秧的画。先用小头笔在画纸上描画出了构图，樾樾先画人的身体，然后画人回眸的样子，

幼儿作画

一边画一边笑，觉得画得有点滑稽，看得出来她很喜欢自己的作品，还画上树叶和秧苗。最后是上色和勾边，都做得很好。

3. 活动分析与思考

幼儿自身能力强，自主完成绘画，虽然是临摹绘画，但幼儿也可以根据自己的想法进行创意绘画，教师只需要记录幼儿在绘画过程中的步骤，给予幼儿极大的空间，不需要过多的介入或者是询问。

4. 调整措施

对于能力强的幼儿，教师不需要过多的干预，任其去观察、模仿，从而根据自己的已有经验对画面内容做些修饰，便会有意想不到的收获。

（二）活动推进二：在瓦片上绘画

幼儿作画

幼儿作品

1. 幼儿进区活动，教师观察指导

樾樾在上周美工区的区域时间将瓦片涂上底色。今天拿着晾干的瓦片准备画画，穿好罩衣，拿好笔、颜料，想了很久画了一个人拿着篮子后，她停下笔问我："老师，可以拿龙门农民画参考一下吗？"教师："可以的，在放画纸的那一格里。"她选了一幅"放牛"的画，拿在手上想了很久，说："这幅画这么大，这个瓦片这么小，画不下呀！"教师："确实如此，你有什么好办法？"她想了一会说："那我就画里面的一部分吧。"于是她画了一头牛和一棵树，就开始上颜色。我建议她再画一些在瓦片的边上，注意构图饱满，她思考了一下开始添了一条河和一些小花。之后选了一些颜色对比明显的颜色进行上色，上完色后小心翼翼地拿到阳台晾干，时不时地去关注瓦片画干了没有。

2. 活动分析与思考

幼儿明显比较依赖老师和临摹绘画，她是

个好问的孩子，特别喜欢询问老师，但她的观察能力很强，在上色的过程中运用了强烈的对比色，使得画面感非常强。

3. 调整措施

（1）多引导幼儿欣赏龙门农民画作品，欣赏其夸张的表现方法和色彩。

（2）欣赏其他幼儿的作品。

（三）活动推进三：创作大花瓶

1. 幼儿进区活动，教师观察指导

今天的活动需要大家一起完成，于是我告诉小朋友们今天美工区的孩子要一起来完成一件作品。当我将花瓶呈现在她们面前时，她们惊呆了，纷纷表示兴趣很浓厚。大家穿好罩衣，开始进行农民画的绘画，由于花瓶的特殊性，我提供了大水牛的模板，幼儿拿着模板将大水牛印在了花瓶的两边位置，刚好互相对望的感觉。接着大家开始七嘴八舌的进行讨论，讨论了一会之后，开始用小头笔先描画，绘画的轮廓夸张有趣，很有龙门农民画的特点，接着用笔蘸着颜料，根据 "平涂、测画、点画"的涂色技巧进行涂色。整个过程孩子都很投入，在给大水牛上色的时候是比较难的，

幼儿作画

因为花纹较多，需要手指握笔比较有力气，能控制住手部力量的幼儿。最后大家都各分其职，和谐地完成了一幅大作品，大作品被放在了美工室作为展品供大家欣赏。

2. 活动分析与思考

整个过程孩子都很投入，根据已有经验画出的效果也有孩子们的个性，

幼儿作品

在绘画过程中大家分工合作，有些人去洗笔，有些小朋友去选颜色，然后大家一起讨论用什么颜色等。

3. 调整措施

（1）教师在发现涂色过程中有操作不当的地方及时给予指导。

（2）在出现争执的时候，并没有偏袒谁，让他们都去思考问题的对错，然后再下决定该怎么绘画。

（3）将作品用作展品展览，让更多的人看到，他们也充满自豪感。

五、活动反思

教师应通过不断观察孩子的表现从而不断地改善自己的教育教学方式，根据孩子不同的需求增加相应的画作及材料，让幼儿在欣赏画作的同时，对孩子的个性形成和对美的鉴赏能力起到一定的促进作用。

装饰瓦缸

大班农民画绘画活动

陈 颖

一、活动背景

从小班入园开始，孩子便开始接触农民画。为了能循序渐进地把农民画渗透到美工区中，孩子从欣赏农民画作品、了解农民画描绘的内容、感知农民画的色彩特点开始，自己动手进行自由涂鸦，学习使用水粉笔进行涂色等基础的绘画方法。中班时学习绘画简单的植物、房屋、人物等。升入大班后，孩子开始临摹简单的龙门农民画作品，但孩子们的作画材料都是使用画纸，为了让孩子在不同材质的物品上尝试绘画，教师在农村找到了几个废旧瓦缸，让孩子在瓦缸上临摹龙门农民画，装饰瓦缸。

二、活动预设目标

（一）让孩子观察瓦缸的外形及了解瓦缸的材质特点。

（二）尝试绘画农民画装饰的瓦缸，掌握绘画的技能。

（三）学会与同伴商量、分工合作进行创作，体验创作的乐趣。

三、活动准备

（一）材料准备

瓦缸、丙烯颜料、水粉笔、小水桶、抹布、瓦缸画创作过程视频。

（二）环境创设

美工区粘贴农民画作品。

操作材料

四、活动过程

（一）活动推进一

1. 谈话活动

教师："小朋友们，之前我们一起到过农村了解农民的生活，（出示瓦缸）那你们知道锦锦妈妈给我们带来的这个是什么吗？瓦缸在农村有什么用途呢？瓦缸在农村可以用来装水、腌咸菜等，是农民家中的必备品。那你们觉得瓦缸放在我们课室可以用来干吗呢？"萱萱说："可以用来画画，我之前在农民画博物馆看到了有些农民画是画在瓦缸上的。"其他小朋友也说："我也看过，我也看过……""哇，小朋友这个想法听起来很不错哦！那今天在美工区的小朋友可以先尝试创作啦！"

2. 区活动观察

瀚瀚在美工区对着这个瓦缸一直处于观察的状态，接着他开始寻找农民画作品进行临摹。临摹作品选好了，可是他对着这个瓦缸无从下手，不知道应该从何画起。经过一番思考后，他根据自己选择的农民画作品中的空间布局进行绘画，他先在瓦缸的顶部画了一个瓜棚，接着画了缠绕的藤蔓和瓜藤上的瓜，在瓜棚下画了两个孩子在做游戏、大公鸡在吃米。可是他画的内容全都是画在自己跟前的瓦缸面上，使得瓦缸的其他位置都是空白的。

3. 活动分析

由于孩子第一次立体的物品上绘画，所以对着立体的瓦缸会不知道从何下手、不知从何画起。瀚瀚是一个做事努力、认真思考的孩子，他尝试用自己想到的方法进行绘画，根据所参考作品的构图空间顺序从上到下把内容画在瓦缸上，但他只局限画瓦缸上自己面前的这部分，没有考虑到要

把瓦缸当作一个整体的画面，每一个位置都需要装饰到位，所以最后导致瓦缸其他面都是空的。

4.活动调整

（1）让孩子明白在瓦缸上作画，瓦缸是一个整体的画面，不仅仅是要装饰瓦缸的某一个面，而是要把整个瓦缸都画上图画进行装饰。

（2）给孩子观看装饰瓦缸的视频，让孩子了解在瓦缸上绘画的基本方法和技巧。

（二）活动推进二

1.区活动观察

上次活动结束后，我寻找了一些关于装饰瓦缸的绘画视频播放给小朋友看，很多小朋友对瓦缸画都很感兴趣，也很想自己动手尝试。今天来美工区有三个小朋友，可是瓦缸就只有一个，于是我建议他们可以合作作画。孩子们一起商量要选择什么绘画内容，大家各抒己见。瑜瑜想画一群小鸭子在小河游泳，瀚瀚想画孩子在芭蕉树下玩耍的情境，皓皓想画一间农村瓦房，每个人都有不同的想法，于是他们决定一起把自己的想法都画在瓦缸上组成一幅画。孩子们商量好绘画内容、讨论好画面布局后就开始画画了，大家都很认真、专注，把自己要画的内容画在瓦缸上，整个画面非常丰富，表现出了一个充满乡土气息的农家院子。但这幅画还没完成呢，孩子们还需要共同进行涂色。首先是瑜瑜拿起了水粉笔进行涂色，可是她觉得瓦缸的面很粗糙，涂色很难涂均匀，总是会有一点空隙涂不到颜色。于是轮到另外两个男孩子来涂色，他们尝试了一下，似乎找到了小窍门，发现水粉笔在同一方向来回涂抹，这样涂色会比较均匀，瑜瑜也按照他们的方法继续进行涂色。合作力量大，很快就把颜色涂好了，一个用农民画装饰的瓦缸就呈现在大家的面前，孩子们觉得很有成就感。但是这个时候皓皓却发现了另一个问题，装饰瓦缸虽然是用了多彩的颜色，但看起来却一点儿不亮丽，反而显得有些暗沉。皓皓把自己的发现跟别的小朋友说了，他们也觉得很奇怪，但是最终还是没有找到问题的原因。

2. 活动分析

孩子都有自己的想法和创意，能初步尝试把自己预设的内容画出来，通过分工合作整个瓦缸的画面非常饱满、构图合理。在涂色方面，由于孩子没有在瓦缸上作画的经验，没有考虑到瓦缸本身的颜色暗沉，涂色时要使用厚涂的方法，因此导致整个画面偏暗。

3. 活动调整

（1）建议幼儿作画前可以先在瓦缸上涂上一层用白乳胶加丙烯调制的颜料作为底色。

（2）使用厚涂或多次多层涂抹的方法进行涂色。

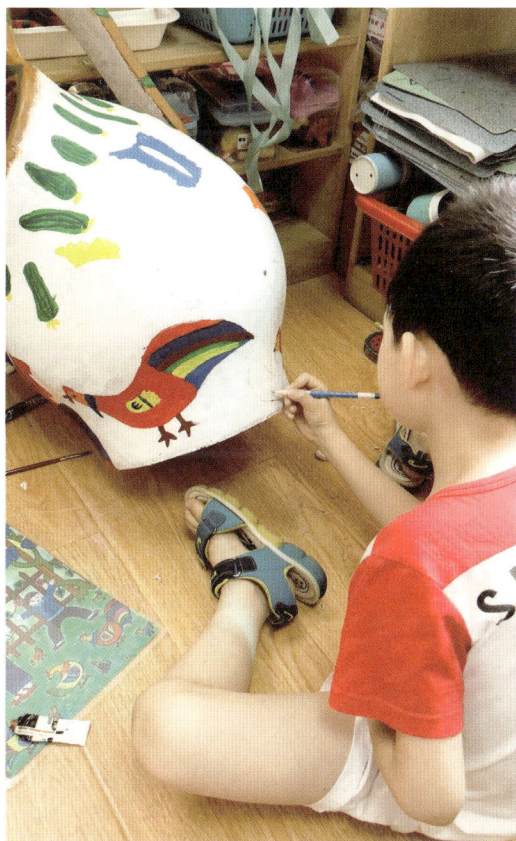

幼儿作画

幼儿作品

五、活动反思

　　本次活动是让孩子在瓦缸上作画，龙门农民画的作画材料不应局限在纸上作画。在创作瓦缸画过程中，孩子们遇到了不知如何在立体物品上进行构图，不知为何瓦缸上的色彩会变得不亮丽等问题，但是他们没有畏难情绪，遇到问题都是积极思考、大胆尝试，在整个绘画过程中孩子不仅仅是在绘画，更是在学会与同伴合作解决问题。其实除了瓦缸以外，还有很多材质的物品可供幼儿作画。以后我将会寻找更多适合幼儿作画的材料，供幼儿自由创作。

我爱龙门农民画

大班农民画鉴赏活动

李慧娜

一、活动背景

龙门农民画是惠州的文化名片之一，具有独特的岭南特色和鲜明的艺术风格，结合水墨画、水彩画、油画的表现形式，以浓墨重彩的形式表现农村的生产生活，展现人们对自然、风俗、生活、劳动、爱情、社会的思考。

2017 年年底，我园开展了"本土民间艺术在幼儿园美工区挖掘利用的实践研究"的课题，龙门农民画的子课题放在了我们大三班，我根据大班幼儿的美术基础，带领孩子们在美工区一起赏析龙门农民画。

二、活动预设目标

幼儿园美工区域活动的形式是多种多样的，在丰富多彩的媒介中，龙门农民画以它独有的"随类赋彩"，能引领孩子们翱翔在自主的空间里，享受民间文化带来的快乐，将会为他们的想象插上了翅膀，同时也给幼儿园的美术教学带来鲜活的生机。

三、活动资源准备

1.对龙门农民画特质的学习与理解

教师通过网络搜索、资料查阅、参观龙门农民画博物馆的农民画及请教农民画民间艺术家等途径，了解龙门农民画的表现特征和一些典型图案的吉祥寓意，构图的美学特点和文化背景等，并初步了解龙门农民画的制作工艺流程。

2.对龙门农民画的收集与展示

教师发动家长通过各种渠道收集龙门农民画，在班级设置龙门农民画展览区域，提供近距离自由欣赏龙门农民画的空间。

3.对创作材料的收集与分类

为幼儿创作龙门农民画寻找相关的材料，如纸盘、纸碗、纸袋、纸伞、纸扇、鹅卵石等，幼儿可以在这些物品材料上尝试进行龙门农民画的创作。

4.对创作空间的设计与布置

龙门农民画创作需要较为宽敞的空间，教师选择了光线良好的区域创设龙门农民画工作区：区域墙面上，布置家长收集来的龙门农民画、网络上下载打印的作品及包装盒等图片供幼儿欣赏；区域展示架上，展示各种物品材料制作的作品供幼儿欣赏，包括幼儿自己创作的各种龙门农民画作

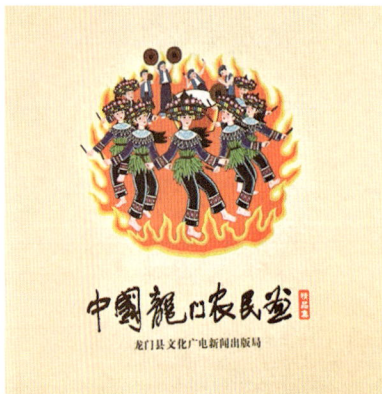

投放画册

作品欣赏

品；区域材料架上，分类摆放提供师幼共同收集的各种可供创作的半成品材料及颜料、记号笔、水粉笔、毛笔、棉签、彩纸、剪刀等工具，供幼儿自由使用。

四、活动内容与过程实录

（一）构图特色

构图是龙门农民画表达作品思想内容并获得艺术感染力的重要手段。好的构图能突出主题，增强艺术的感染力。龙门农民画常见的绘画构图形式大致有：十字形构图、垂直线构图、平行线构图、满天星、圆形构图、T形构图和S形构图等。

孩子随着年龄的增长，从小班时的没有构图意识到对周围环境的认识日益增加而使画面构图丰富而生动，达到了点面平衡的美感。因此，在区域活动中，我们在欣赏感知环节，重点培养孩子们的观察力和创造力，只要儿童主动去探索多种构图方法，就不再根据概念去画了。

活动：《龙门农民画展》

1. 活动目标

（1）提供龙门农民画中应用最普遍的圆形、T形、垂直型、平行形和满天星构图的彩色扫描画，并组织幼儿讨论。

（2）幼儿谈自己喜欢的构图形式，并尝试临摹部分内容。

2. 活动准备

寻找合适的农民画作品布置画展，准备水粉等美术材料。

幼儿作画

3.活动过程

（1）师幼讨论日常生活中你在哪儿见过龙门农民画。

（2）参观老师事前布置的龙门农民画展。

（3）师幼交流观后的感想，重点讨论构图的形式。

（4）把自己最欣赏的构图形式及喜欢的内容尝试临摹。

（二）色彩构成

"随类赋彩"是中国画色彩理论的精髓，同时也是龙门农民画色彩构成的要素。所谓的"随类赋彩"，即随着同类物体的色相来着色，更直白地说，就是看见什么色就上什么色，这是龙门农民画的基本着色方法，与儿童的着色方法竟不谋而合。龙门农民画的色彩保留了这种天性和童真，这也是龙门农民画容易与人沟通和感染人的地方。

儿童心理学研究表明，最能引起学龄前儿童情绪体验的是色彩，而不是外形。由于大脑和视觉器官的发展，儿童对色彩的辨认也逐渐形成和发展起来，到了大班，孩子逐渐从颜色的审美感出发，依赖直觉经验，通过感官运动，渐渐表现出对混合颜色的浓厚兴趣，他们能巧妙而恰当地运用各种颜色，把绚丽的色彩统一起来，使画面既鲜艳欢快，又协调一致。在赏析龙门农民画的过程中，孩子们不只发现龙门农民画的色彩高纯度，还发现龙门农民画中的装饰性不光有变形，还有有趣的变色，例如把黑色的公牛变成红色等。

活动：《龙门农民画的色彩》

1.活动目标

（1）讨论经验中的农家生活，大自然、各种动植物、农具等的随类色彩，当动物赋予情感时的装饰性色彩变色等。

（2）注意观察自己与别人用色的不同特点。

2.活动准备

水粉颜料、水粉笔、纸、白纸伞、纸扇等。

3.活动过程

（1）讨论龙门农民画作中关于动植物、农家房屋、人物、农具等的色彩，发现其用色的规律，如喜用红、黄、绿等鲜艳明快的色彩，形成喜庆热闹的气象。

（2）幼儿尝试在白纸、纸伞和纸扇等物品上临摹或创作龙门农民画，并注意观察用色达到的效果。

（3）尝试评论同伴作品的用色效果。

幼儿作品

（三）写实特性

龙门农民画呈现的内容，从集体劳动、集市大场面到饲养六畜、一鸡一犬、一草一木，无不呈现出栩栩如生的现象。就算是不熟悉农村生活的人们见到龙门农民画，也会不由自主地油然而生一种对丰裕富足的农村生活的向往。连幼儿园的孩童赏析龙门农民画时，无不被画面的直白所感染，农民画画家说出来的艺术语言，儿童也能懂。

活动：《我的"乡村游"》

1.活动目标

（1）回忆自己"乡村游"的经历，结合赏析作品的各种劳动生产场景。

（2）观察人物的各种动作，尝试表达自己眼中的"农民画"。

2.活动准备

（1）建议家长在假日带孩子到具有乡村特色的农村进行"亲子一日游"，并指导孩子观察场景。

（2）材料准备：教师准备关于农村劳动生产画作的PPT及绘画工具。

幼儿作品

3.活动过程

（1）讨论"亲子乡村一日游"看到的场景及想法。

（2）观看PPT的龙门农民画作品，引导幼儿了解龙门农民画代表了和谐、喜庆、富裕，反映了人们希望生活富裕的美好愿望。

（3）观察龙门农民画里人物与儿童画作品的异同，尝试在儿童画的基础上创作自己喜欢的龙门农民画作品。

五、活动的特点及价值所在

幼儿对民间艺术的欣赏与学习是多种通道、多种形式的，每一种学习方式都对幼儿的审美认知与审美情感起着不同的经验提升作用。因此，我们结合幼儿园的各项活动展示作品。例如在幼儿毕业美术作品展中，用大展板展示幼儿的龙门农民画作品，并轮流给小班、中班的弟弟妹妹们讲述作品的故事；在庆祝八一义艺表演活动中，提供幼儿绘制的龙门农民画纸伞、龙门农民画纸扇等作品，配合本土客家音乐进行舞蹈活动；还有把幼儿绘制的龙门农民画喷绘在亲子服装上表演了"亲子服饰秀"节目，展现了多姿多彩的龙门农民画艺术。再者，结合课题《本土民间艺术在幼儿园美工区挖掘利用的实践研究》，建立三个项目之间的联系，让编织、剪纸、农民画互相交融，通过新的艺术表现形式，让传统艺术产生新的艺术效果。另外，我园在社区联动展示作品方面还是空白，希望下一步可以跟上，以各种活动形式展示幼儿自己的艺术作品，亲身体验龙门农民画的美丽，增强幼儿参与龙门农民画欣赏与创作活动的兴趣。

春天景色

大班农民画绘画活动

刘惠红

一、活动背景

　　农民画的选材内容以乡村生活为素材，农村风景优美、民风淳朴是创作的源泉。我们幼儿都生活在城市，孩子接触农村景象比较少，只能利用网络视频组织幼儿欣赏乡村，多观察、多熏陶。在美工区域活动中，幼儿很重视画面的色彩，从他们喜欢的作品来看大多色彩非常鲜艳，所以我们在提供农民画作品时，要根据颜色这个欣赏特点来选择。

二、活动预设目标

　　1. 知道龙门农民画是本土民间艺术的一种绘画形式，了解农民画的特点。

　　2. 能够运用农民画的绘画手法，创作一幅关于春天的作品。

　　3. 激发幼儿热爱本土艺术的情感。

三、活动准备

（一）材料投放

1. 有关开展活动所需各种农民画作品。

操作材料

2. 水粉笔、铅笔、蜡笔、各种水粉颜料、画纸。

（二）环境创设

欣赏农村春天景色视频，用龙门农民画作品布置区域环境。

四、活动过程

（一）活动推动一

1. 谈话活动

欣赏春天的景色图片，你看到的是什么，可以说出来。

幼儿观察、交流。有小燕子、桃花、播种等。教师：这些画的颜色有什么特点？提示幼儿了解农民画的特点是色彩鲜艳，运用了原色与间色、相近颜色，其他颜色做点缀。教师：我们原来画春天的背景作品，能画些什么春耕的景色呢？幼儿：画些农田和播种的农民、农村的景色等。

2. 活动观察

孩子有了生活经验，他们对春天的景色有一定的了解，名名等小朋友今天选了进美工区画农民画。名名对画农民画兴趣特别浓，拿到小头笔和牛皮纸就开始构思作画，他画了春天的景色，画了小燕子、柳枝、插秧的农民，整个画面非常丰富，涂颜色的时候很有层次感，涂色整个过程很投入，颜色用得非常鲜艳，出来后画面效果很好。其他小朋友整个区域时间都很专注，只是一次进区不能完成作品，但从中获得成功的快乐。

3. 活动分析与思考

孩子的兴趣并不是与生俱来的，平时多给孩子们欣赏艺术作品，老师多引导，孩子慢慢就会喜欢上临摹画，临摹多了孩子们就会创作，能有自己的想法和画法，用作品表达自己的个性。教师要鼓励幼儿画出春天的景色，大胆地运用农民画装饰手法添画，比如可以添画农田，还有在播种的农民，可以再添画荷塘、鱼、鸭子等。教师观察幼儿作画的表现，引导幼儿解决遇到的困难，辅导能力较差的幼儿。请个别孩子介绍自己的作品，将作品展示出来。

平时注重通过网上收集本地农民画作品，将不同风格的农民画作品给孩子们欣赏，让孩子们了解春天景色的特点并能应用农民画的特点来作画，孩子越来越喜欢画画，每次画画都有自己的想法，用色大胆，会用相近色、对比色，画面内容丰富，色彩饱满，孩子们基本能完成一幅农民画作品。

4. 调整措施

（1）鼓励孩子们大胆作画。

（2）准备多种用色材料，如丰富的水粉、水性油画棒，提高幼儿兴趣。

幼儿作画

（二）活动推动二

1. 活动过程和实录

熙熙、佳佳、涵涵、恒恒今天选了进美工区，他们选择创作农民画，拿到小头笔和牛皮纸就开始构思作画，他们画了春天的景色，画了小燕子、柳枝、插秧的农民景色，设计整个画面非常丰富，色彩用了相近色绿色系，整个作品春意盎然，颜色很有层次感，涂色整个过程很投入，颜色用的非常鲜艳，色彩效果很好，整个区域时间都很专注，他们每个人都有自己的特色。

2. 活动分析和思考

孩子的兴趣并不是与生俱来的，而是受平时多给孩子们欣赏，老师多引导，孩子慢慢的就喜欢模仿画，接着孩子们会创作画，能有自己的想法

幼儿作画

和画法，画出作品都有自己的个性。春天的景色画面非常丰富，每幅作品都有自己的特色，孩子们都能画出农民画的特征并掌握用色的技巧。

3.实施措施

在区域活动时，在教师的指导下可要求幼儿大胆作画，不一会儿栩栩如生春天景色农民画作品就完成了。

五、活动特点和幼儿学习发展价值

（一）活动的特点和幼儿学习发展的价值

老师通过对欣赏作品的分析讲解，唤起孩子欣赏的欲望，使他们心情舒畅，敢于抒发各自的感想。教师因势利导，激发孩子的创作兴趣，让他们动手画一画。以"春天景色"为题让幼儿作画，既满足幼儿动手的欲望，又发展幼儿的思维、创作能力，显然，其欣赏水平也随之提高。

（二）活动反思

龙门农民画突出表现了广大劳动人民对真、善、美的追求。因此这个过程中，我特别注重的是让孩子最广泛地去接触和了解不同的龙门农民画，通过大量农民画作品给他们最大的视觉空间、感受空间，同时，不拘形式地给他们最大的描绘空间、创作空间。

幼儿作品

石头画
大班农民画绘画活动
谭思瑶

一、 活动背景

　　植物角的环境创设剩下一些鹅卵石，这些大小不一，形状各异的石头引起孩子们的注意。丢弃了实在可惜，那么，如何有效利用这些鹅卵石呢？经过和孩子们商量讨论，决定用这些石头来做绘画材料，将本土资源引入幼儿园课程当中，体现课程的生活化。对于孩子们来说，石头虽然不是什么陌生的事物，但对于在石头上绘画，孩子们还是感到新奇。这些石头甚至成为了孩子们的亲密玩伴，通过它们，孩子们了解了自然，发现了自然。并从自然中去发现美、创造美。作为幼儿园大班的孩子，他们正处于创造性思维形成的黄金时期，通过孩子感兴趣的石头画，不失时机地培养孩子的创造意识、创造精神、创造性思维以及创造能力，为孩子们成为创造性人才奠定基础。借助石头这一特殊的物件，鼓励幼儿大胆想象，为石头进行绘画装饰，让幼儿接触自然，体验绘画的乐趣。

二、 活动预设目标

　　（一）尝试在石头上进行绘画。

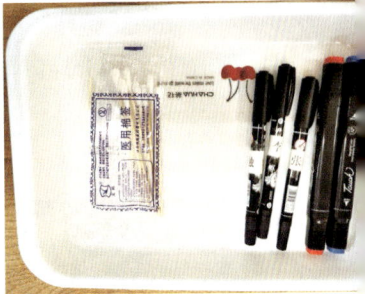

(二)体验石头绘画的乐趣与创作带来的喜悦。

三、材料投放

鹅卵石、丙烯颜料、棉签、勾线笔。

四、石头的绘画方法

(一)选择合适的石头，用棉签或者水粉笔进行涂色。

(二)根据不同的石头造型，大胆想象各种形象，再用自己喜欢的颜料进行涂色。

五、活动过程

(一)活动推进一

1.活动的观察

石头绘画材料的投放引起孩子们的兴趣。一开始，孩子们都特别喜欢在美工区创作石头画。但是发现大部分孩子都是选择棉签来给石头涂色或者画上房子、树木、人脸的形象以及小朋友自己喜欢的人物，动物则以小

鸡、小猫、小狗等熟悉的简单图案为主。有一天，然然在石头上画了房子，同在画石头的君君、雅雅也跟着在石头上画房子。过了几天，发现孩子们

幼儿作品

在石头上画的基本是花朵、房子或者人脸这些简单的绘画。而且，也越来越少人进行石头绘画。

2.活动的分析

孩子们第一次接触石头画，显得非常有兴趣，并且敢于尝试。但是，石头绘画又不同于纸上作画，平常在绘画过程中，教师会引导孩子把物体画大、画饱满。因此，尽管大班的孩子虽然有丰富的绘画经验，有一定的涂画技巧，但是运用石头绘画还是首次，怎样在小小的石头上画出自己想要的图案仍然拥有一定难度。从孩子们的作品和交流中发现，由于缺乏对石头绘画作品的感受和欣赏，孩子们大多无从下手，而单一的绘画工具也阻碍孩子们在石头上画画时细节的表现。因此，作品多数以单纯涂色、简单的形象为主。

3.推进调整

材料的调整

（1）投放石头绘画作品，帮助孩子通过大量的欣赏，丰富审美经验，引发孩子模仿、创造。

（2）增加大小不同的石头。

（二）活动推进二

1.活动的观察

自从欣赏了石头绘画作品后，孩子们对石头绘画的热情又被点燃了，区域活动一开始，他们争先恐后到美工区画石头，连续一周都有不同的孩子在美工区画石头，而且大部分孩子能交替使用不同的工具进行绘画。能力较强的孩子能根据石头的造型展开想象画出不同的形象，孩子们的作品越来越丰富。

2.活动的分析

孩子的创造与表现一定是在熟悉的材料或场景中发生的，《指南》指出，"要充分创造条件和机会，萌发幼儿对美的体验和感受"。通过集体欣赏石头绘画作品，丰富孩子们的审美经验，开阔孩子们的眼界，由此激发孩子们的创造力，画出充满大胆想象的作品。此外，不同的绘画工具有助于

幼儿作画

孩子们的创作，帮助孩子们更加深刻地刻画细节，丰满形象。

3. 推进调整

（1）目标的调整：大胆尝试用组合的方式进行石头绘画。

（2）材料的调整：增加创意石头组合画的欣赏图册。

（3）活动的调整：选择合适的石头进行组合，或者进行模仿、创新。

（三）活动推进三

1. 活动的观察

区域活动，琳琳选择了石头绘画，琳琳平常很喜欢画人，经常在画纸上画各种各样的人。只见她挑来挑去，最后选出两块石头，圆而小的石头当作头，稍长的石头当作身体，然后分别画出脸和衣服。她将两块石头组合在一起，拼出一个小人，又为它画出脸和衣服。琳琳石头组合画的出现，调动了孩子们对组合石头绘画的兴趣。得到了小朋友的一致赞赏，许多小朋友也选择喜欢的石头，运用不同的石头造型，进行组合绘画，创造出别具一格的作品。

2. 活动的分析

大班孩子想象力丰富，能够根据需要选择合适的材料进行创作，而作为教师，应当支持和鼓励幼儿充分实现自己的设想。在这次区域活动中，石头小人的出现，说明孩子的想象力、创造力通过游戏的方式得到运用和发展。在下一阶段的游戏中，教师可以尝试提供更加丰富的材料，为孩子提供将石头和其他材料建立联系的新思路，激励孩子创造出更多的优秀作品。

六、活动反思

石头对于我们来说并不陌生，对孩子来说十分常见、熟悉。这就符合了《纲要》中所提到的"教育内容要贴近幼儿的生活""教育活动要生活化"的精神。在这次活动中，孩子们都体验到了进行石头画创作的乐趣，大多数孩子的作品能够不受同伴的影响，有自己的创新之处，并能大胆、合理地运用各种辅助材料。对于初次尝试在石头上绘画，孩子们还是较好地达到预设的活动目标。

剪出创意

　　惠州剪纸是我国具有典型地方特色的传统艺术形式，是惠州人在长期的生产、生活中，为满足自身精神生活需求而创造出来的。有着南派剪纸的柔美清秀、图案精巧、技法写实、以刻为主、以剪为辅、剪刻结合的表现风格。既传承了中国剪纸艺术深厚文化积淀，又突出了惠州文化独特的民俗民间特色，体现了民间艺人的智慧和丰富想象力。惠州剪纸历史悠久，源远流长，作为传统工艺美术被完好地传承下来。

　　我园作为惠州历史最为悠久的幼儿园之一，把惠州传统的剪纸活动运用到幼儿园美工区，使幼儿能够欣赏、了解、喜欢惠州的民间剪纸艺术，学会基本的剪纸方法，用彩纸剪出图形图案，并组合成一幅完整的画面。从而加深对惠州传统文化的了解，知道传统文化的博大精深；同时，通过动手学习剪纸，培养孩子的动手能力，锻炼其意志品质以及合作能力。

艺润稚慧 美泽童心

快乐小·厨师

小班剪纸活动

冯巧芳

一、活动背景

　　剪纸作为民间艺术的一部分，融合了剪纸技艺、绘画造型、想象创造等多种审美意识，它特有的文化特色和审美观，传递着民族的思想情感与艺术情趣。剪纸作为一项有中国特色的民间艺术，也可以成为幼儿园课程的组成部分。三到六岁的幼儿小肌肉群处于发育阶段，需要定期、适度的运动来促进更好的发育。使用剪刀是满足这一要求的方法。合理的运动可以使孩子的肌肉群得到最好的发展。这种锻炼也大大提高了孩子们的灵活性和协调性。在剪纸活动过程中，动员儿童的视觉和听觉，小手和其他感官共同参与，以促进儿童大脑的发育，使儿童变得更聪明。小班年龄的幼儿手部肌肉发展还不完善，只能从简单的动作开始练习，但是如果只是枯燥地重复剪线条的动作，幼儿很快就会失去兴趣。于是，"快乐小厨师"这个活动，让幼儿在做做、玩玩中逐渐掌握使用剪刀的技巧，提升剪纸的技能。

二、活动准备

1. 剪刀、纸碟。
2. 白纸、画有短直线的纸条、画有波浪线的白纸、画有圆圈的白纸、画有水果轮廓线的正方形彩纸。

三、活动预设目标

1. 初步掌握剪刀的使用方法，安全使用剪刀。
2. 能使用剪刀剪出长短直线和曲线。
3. 积极探索各种剪纸方法，萌发对剪纸活动的兴趣。

四、活动过程实录

（一）活动推进一：剪纸初体验

1. 谈话活动

小朋友今天我们一起来做小厨师，好不好？不过这个小厨师煮东西不用锅，而是用剪刀，是不是很厉害呀！你们会用剪刀吗？没关系，先看老师是怎么使用剪刀的吧。你们都看清楚了吗？那今天老师来做顾客，你们都是小厨师，看看谁做的面条好看又好吃。

操作材料

2. 操作活动（投放剪刀、纸碟和
15cm×20cm 的白纸）

今天是小朋友们第一次在美工区接触剪刀并进行剪纸，孩子们都有点跃跃欲试，教师先给小朋友发剪刀并引导孩子学会拿取剪刀的方法。小朋友拿到剪刀后迫不及待就拿起白纸剪了起来，没一会儿，君君就喊了："老师，我剪不到。"跟着希希也喊起来："老师我也剪不到，你帮帮我吧。"我一看，发现她两使用剪刀的方法不对，君君的剪刀把手的洞比较大，她只用了拇指和食指控制，所以卡不住把手，控制不了剪刀的开合。而希希的剪刀把手是两个小圆孔，只用拇指和食指就可以，但是希希的两只手指伸得太过了，卡到指缝的位置，就变得不好用力控制剪刀了，所以老是剪不开白纸。指导她俩正确使用剪刀后，鼓励她们继续尝试剪面条。再看看慕慕一直在认真剪直线，剪刀的使用比较熟练灵活。基本能按照直线剪，偶尔会剪歪，剪出来的纸条一截粗一截细。慕慕剪了一会就觉得没意思，不想剪了。超超小朋友第一下剪得比较顺利，但是再剪第二下的时候就有点力不从心，剪刀老是会被白纸卡住，剪出来的面条歪歪扭扭、破破烂烂的。他就有点想放弃了。我马上鼓励他，说："超超一下子就学会了用剪刀，好厉害呢！如果你每次剪的时候从剪刀的中间开始，一

幼儿操作

定会剪得更好哦！"超超听了，马上尝试了一下，发现真的不怎么卡纸了，于是开心地继续剪纸工作。活动结束后，我发现4个小朋友剪了满满一碟面条，把老师准备的白纸都剪完了，还有点意犹未尽的感觉。完成的面条虽然不是很直，有些刀口还有重复剪的痕迹，但是小朋友们都觉得很满足。

3. 活动分析及改进措施

刚开始接触剪刀，每个幼儿可能都是又怕又爱的。对于他们来说剪刀是个神奇又有趣的东西，但是真正使用它的时候却总是力不从心，所以需要老师在幼儿刚开始使用剪刀的时候就耐心指导。老师可以给孩子创编故事，帮助他们理解剪刀的用法，比如：一只小鳄鱼，最喜欢吃纸了，看到纸就张开大嘴巴（示范剪刀张开的动作）啊呜咬一口（合拢剪刀剪纸），可是它没有吃饱，又张开大嘴巴向前爬（张开剪刀向前），啊呜又是一口（合拢剪刀剪纸），小鳄鱼不停地爬啊——张开大嘴巴——啊呜吃纸，吃得好开心呀。通过各种有趣的形式使幼儿在使用剪刀出现困难时保持兴趣不放弃，逐步掌握剪刀的使用方法。使幼儿建立起使用剪刀的良好习惯和自信心，为之后的剪纸活动打下坚实的基础。通过这次进区，可以发现每个孩子对使用剪刀的接受能力是不同的，接受能力强的孩子上手很快，对于老师投放的材料一下就完成，没有挑战性，容易失去兴趣。能力弱的孩子接受能力慢，容易有挫折感，容易放弃，但可以通过不断的引导和练习

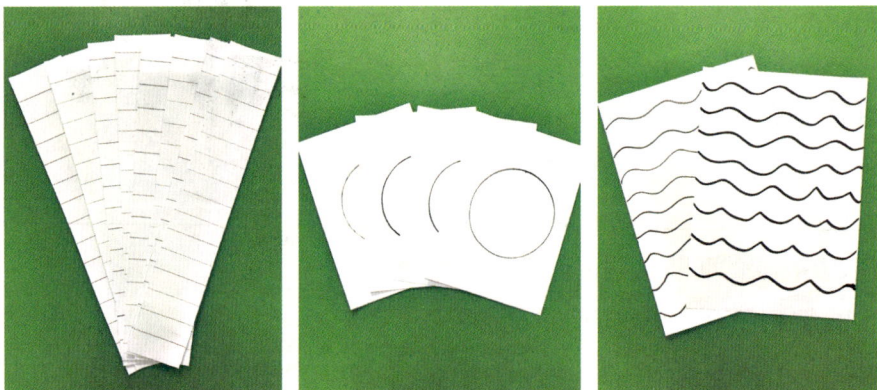

调整操作材料

提高熟练度，增强自信心。所以，针对这种情况，我对投放的剪纸材料做了一些调整。除了原先的长面条，还投放了 3 种不同的剪纸材料，一种是 2cm×20cm 的纸条，给它起名叫通心粉，大约 2cm 的宽度，对于剪刀使用不甚灵活的孩子也能轻松完成，有利于建立幼儿的自信心。一种是正方形纸上画了一个直径 8cm 的圆圈，取名叫煎饼。还有一种就是 10cm×20cm 画有波浪线的彩纸，取名叫波浪薯条。可以给能力较强的孩子选择使用，增加挑战性。

（二）活动推进二：对称剪

1. 活动引入，初步感知对称

教师出示一张画了半个苹果的正方形纸，请幼儿猜一猜这是什么？教师把纸对折，沿着图案的轮廓线剪下，再慢慢打开，把成品展现在幼儿面前，引起幼儿兴趣。再逐一出示其他画好对称图案的彩纸，如橘子、梨、菠萝和西瓜等，跟幼儿说今天的顾客想吃水果沙拉，请小厨师准备好。

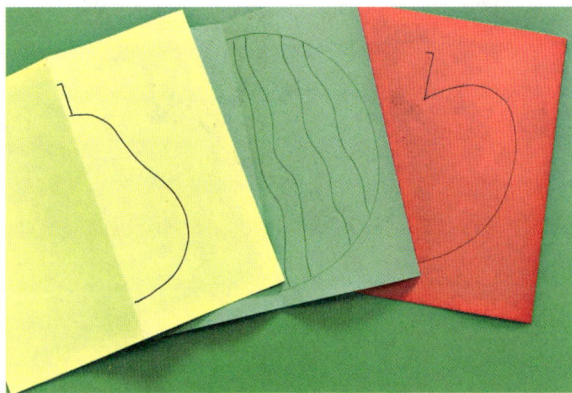

轮廓模板

2. 操作活动（投放画好轮廓线的正方形彩纸）

这次到美工区是佩柔、小晴和梓续小朋友。佩柔、小晴和梓续一进区就选择了新材料，佩柔选了一张红色正方形彩纸，小晴选了一张绿色的，梓续选的是黄色。佩柔和小晴拿到纸后，学着老师的样子把纸对折，梓续看到也跟着一起对折，但是没有对齐边线。很快，3 个小朋友就把图案剪出来了，打开一看，佩柔的是苹果，形状比较规整，就转角处不够圆滑。小晴剪的是西瓜，也是边缘不够圆滑，有些参差不齐。梓续剪的是梨，一边大一边小，还缺了一块。梓续马上就着急问了："老师，我的梨怎么烂了？"

我说："对呀，你的梨怎么少了一块呢？你能把它再对折回去吗？"梓续很快按原先的中线就把梨对折起来了，我先让梓续观察他的梨，看看能不能发现问题，梓续看了一会说："我不知道。"于是，我让佩柔和小晴也把自己的水果折叠起来，和梓续的放在一起比较。这时梓续马上就发现了，原来他的梨在折的时候没有对齐，一边多一边少，少的那边剪出来自然就缺了一块了。于是，他再去选了一张黄色彩纸重新剪。这回他很仔细地对齐了彩纸的边线，慢慢沿着梨的轮廓线剪。最后，剪出一个漂亮完整的梨。梓续得意地跟大家分享他的成果。

幼儿操作

3. 活动分析及改进措施

经过两个星期的剪纸练习，大部分小朋友都能较熟练地掌握剪刀的使用方法，所以尝试在本阶段投放了一个新材料——对称剪。孩子基本上手都很快，只有一些细节问题还处理不好，特别是转角的地方，最容易剪坏或剪得不够圆滑。还有一个难点就是对折，孩子比较随意，总是对不齐，就会导致成品效果不好。于是，我就预先在纸上画一条中轴虚线，幼儿在对折的时候可以直观地看到有没有对齐，减少失误。在难度方面，除了水果图案，还可以增加其他内容，如动物、植物等。另外，单纯的剪轮廓也不能满足能力强的孩子了，可以在图案内加上一些小线条或几何图形，引导孩子剪出镂空的图案，提高孩子的兴趣，增强动手能力。

轮廓模板

五、活动反思

　　小班孩子的手部肌肉发育不完善，使用剪刀有一定的困难，因此激发他们的兴趣是最重要的。当他们产生剪纸的愿望后，就可以让他们试着使用剪刀。剪纸的技能并不是在短时间内能提高的，需要有个练习和积累的过程。对小班幼儿来说，这个过程所花费的时间会比较长。老师只需要提供一个完全自由的、轻松愉快的环境，让幼儿不断地尝试在错误的过程中寻找到解决问题的有效办法。通过多次失败中的总结，孩子会特别注意自己曾经剪错的地方，这里正是学习的难点，也是孩子经验内化的关键环节。老师需要等待，压抑直接给予提示的冲动，让幼儿有珍贵的自我练习、自我纠错的机会。

红花紫荆

中班美工区手工活动

何子媚

一、活动背景

充分利用本土资源，让孩子们了解更多的惠州本土艺术文化，满足孩子们的兴趣需要。如何把家乡的文化引入幼儿园美工区，让孩子在区域活动中感受家乡文化。经调查发现，幼儿对市花和市树了解的特别少，针对这种情况，设计了本次活动。让孩子们在认识自己家乡的"市花、市树及市鸟"开始去了解自己的家乡文化。

二、活动预设目标

（一）让幼儿在活动中了解有关市花和市树的知识。

（二）引导幼儿初步学习多种手工工具和材料的基本使用方法，帮助他们形成良好的手工活动习惯。

（三）通过对市花和市树的研究活动，使幼儿具有乐于与同伴合作的精神，从小养成爱护花草树木的好习惯。

三、活动准备

（一）材料投放

教师准备绿色的纸、紫红色的皱纸，紫荆花的叶子和花的模板，小头笔和剪刀，双面胶。

操作材料

（二）环境创设

教师预先在课室放些紫荆花的树枝和老师预先做好的紫荆花手工供幼儿欣赏。

四、活动过程

（一）活动推进一

1. 幼儿进区活动，教师观察指导

我们班的孩子动手能力强，较喜欢做手工活动，今天美工区提供了一些材料：树叶印模，花瓣印模，绿色、红色的纸张，美工区的工作是制作红花紫荆树，乐乐一下就把绿色的纸拿到自己的面前，昊玥没拿到纸就有点不高兴。萱萱跟乐乐说不可以拿完的，要大家一起用，然后分给一些纸给昊玥、萱萱。按照老师教的方法，乐乐用树叶印模画出叶子，然后用剪刀剪出树叶的形状，用小头笔画上叶脉，叶子就做好了。再用叶子的模板在紫红色的皱纸上画出叶子的形状，用剪刀剪出叶子，用同样方法剪出五片花瓣，再用双面胶粘好，中间粘上花蕊，红花紫荆树就完成了。

2. 活动的分析与思考

"市花、市树及市鸟"是城市形象的重要标志、是城市优秀文化的浓缩，也是城市繁荣富强的象征。因此，"市花、市树及市鸟"已成为城市现代化的一张名片。本次活动特别强调小组合作完成，能充分发挥每个成员的积极性，完成既定任务。在活动中，教师适时适度地给予点拨及指导，以提高小组合作学习的效率。

　　3. 实施措施

　　与幼儿讨论"怎样才能把叶子、花瓣剪得更漂亮""花瓣怎样才会翘起来"，鼓励幼儿尝试沿着黑线剪纸，这样花瓣和叶子就漂亮完美了。

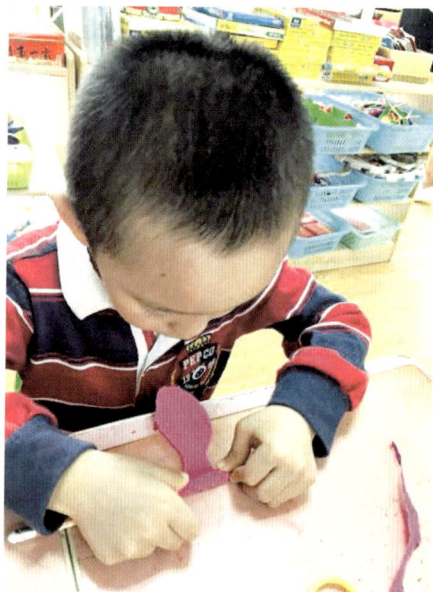

幼儿操作

（二）活动推进二

　　1. 经过第一次活动的调整，孩子们在进入第二次活动时有了较大的变化，特别是乐乐非常喜欢美工活动，今天进区的小朋友是乐乐、玥玥、萱萱，需要他们把上次的作品紫荆花和叶子分别粘上双面胶，组合在花枝上，几位小朋友分工合作一棵紫荆花就完成了。

2. 活动的分析与反思

从活动中可以发现幼儿对剪纸兴趣浓厚，较喜欢色彩分明的手工，同伴之间相处融洽，不但能遵守进区的约定，还有相互帮助的精神；在组合紫荆花的环节上幼儿有点难度，能力强的乐乐小朋友能独立完成，萱萱和昊玥一起合作才能完成。

幼儿作品展示

五、活动反思

这次的活动发现，每个孩子的点滴进步都需要正确的评价，要遵循幼儿发展规律，尊重个体的差异性，才能促进整体的提高，在发现问题时如何找到解决问题的办法。通过此次的剪纸活动，我发现我班的孩子在动手剪纸上虽然兴趣浓厚但能力上却参差不齐，因此，为幼儿提供丰富的剪纸材料，创设剪纸特色区，为幼儿搭建良好的活动平台。

苹果

小班剪纸活动

翁燕娜

一、活动背景

我班幼儿处于小班年龄段，对于用剪刀剪纸还有一定的难度，但是经过前期的撕纸活动和平面单剪，对小手的肌肉已经有了一定的锻炼，所以这时候让幼儿尝试用剪刀进行对折剪的剪纸活动，让他们加深对剪纸的练习。

二、活动预设目标

（一）尝试用剪刀沿着黑色线剪下苹果外轮廓，打开后就会出现一个完整的苹果图案。

（二）能够正确使用剪刀，了解安全使用剪刀的方法。

（三）通过剪纸活动，萌发幼儿对家乡本土民间艺术的热爱。

三、活动准备

（一）活动材料

幼儿认识的苹果图片、剪刀、对折剪的苹果彩纸。

操作材料

（二）环境创设

提供一些中大班孩子的剪纸作品布置美工区的环境，可以做成吊饰、摆台或者将作品粘贴在作品墙上。

四、活动过程

（一）活动推进一

1. 谈话活动

教师：小朋友们吃过苹果吗？它的形状和颜色分别是怎样的呢？谁可以说一说？（出示苹果的图片让幼儿观察）

2. 幼儿进区活动，教师观察指导

我们班的孩子们对剪纸活动感兴趣，都想来尝试如何剪苹果。今天孩子们进区选择了剪苹果的活动，第一次接触，孩子们对于对折剪还是比较陌生的，所以孩子们在使用剪刀的时候比较生疏，铖铖小朋友在剪苹果的时候，只剪出了一半的图案，但是善于观察的月月小朋友发现了老师是把纸对折好给自己的，所以她并没有像铖铖一样把纸打开来剪，而是对折着，然后用剪刀沿着图案的黑色边剪下来，虽然沿边剪的能力还是非常有限，但是能够对折着把图案剪出来已经非常棒了，于是我给她一个大拇指，她高兴地叫铖铖看，并说："你不可以把纸打开来剪，这样就不能剪一个完整的图案，你要按照老师给你的对折的纸剪，你再试试。"铖铖听了月月的话，也尝试这个方法剪纸，确实能够剪出一个完成的图案。但是在剪的过程中，苹果的蒂没有剪出来的。

作品展示

3. 活动的分析与思考

孩子刚开始接触对折剪的技能，在他们的探索的过程中总是会出现剪出半边图案的情况，那是因为他们起初剪纸的时候是剪一个完整的图案，固定的思维让他们以为老师给他们的也是平面的剪纸，但是善于观察的孩子发现跟他们平时剪的图案有不同的地方，老师是把纸对折起来的，于是尝试剪的方式，是他们在这次活动中进步的地方。还可以提醒旁边的孩子按着他们的方法来尝试，也是同伴协助的一种表现。但是对于对折剪的苹果的蒂，教师提醒了多次还是不能很好地剪出来，我意识到孩子对对折剪的图案如果出现拐弯的地方都剪不出来，直接会剪断，估计在多次训练后才能得到较好的改善。

4. 实施调整

（1）多让孩子观察图片，提醒幼儿使用剪刀的时候要沿着线剪，遇到拐弯的地方，要慢慢地跟着线剪。

（2）多次练习，熟能生巧。

（二）活动推进二

1. 经过第一次的活动的经验，孩子们在进入第二次活动的时候有了较大的进步。今天进区的是珞珞、杨杨和玥玥，这三位孩子经过一段时间的剪纸练习，有了一些进步，所以进区剪苹果的时候沿边剪的能力增强了许多，剪苹果蒂的时候也能剪出来，但是不能较完整的剪出。在活动中，我发现孩子剪蒂的方法是对的，就是拐弯的时候不能沿着黑线剪，于是他们剪的时候我就跟他们说："慢慢地拐弯，慢慢地剪，不要一下子剪过去，这样很容易剪断。"孩子们经过我的语言引导，慢慢地多剪几次确实有较大的进步。剪完后孩子们还把自己剪下的苹果合作拼贴成一幅苹果树的画。

2. 活动的分析与思考

随着活动的逐步深入，孩子们剪纸技能都有所提高，都能积极地投入到自己的剪纸活动中，经过老师的引导，孩子们剪苹果蒂的能力也增强了。但剪纸还是需要不断练习才会越剪越好。

3. 调整措施

（1）多让孩子进行对折剪的练习。

（2）把剪下来的苹果尝试进行拼贴成一棵苹果树。

五、活动反思

作品展示

剪纸活动，是一个从简到难的过程，挖掘孩子感兴趣的、熟悉的物品进行剪纸练习，除了掌握剪纸技能以外，还可以结合别的活动增加孩子对剪纸的兴趣。所以加入之后的拼贴活动会使孩子觉得剪出来的东西还可以应用在拼贴画上，增强了孩子对剪纸的兴趣。单纯的剪纸活动孩子相互间的互动是没有的，但是加入了拼贴，孩子们可以把自己剪好的图案合作拼成一幅完整的图画。

泗州塔

中班剪纸活动

曾晓萍

一、活动背景

　　我班孩子经过小班下学期的剪纸技能训练，基本已学会正确使用剪刀，并能对称剪出简单的图案。惠州是一座历史文化名城，泗州塔（宝塔）是惠州西湖标志性的古建筑，也是孩子们熟悉的景点，以泗州塔为剪纸题材，用剪纸作品表现惠州泗州塔，能引起幼儿剪纸的活动的兴趣，激发幼儿爱家乡的情感。

二、活动预设目标

　　（一）认识惠州泗州塔的外形特征。
　　（二）能够按照惠州泗州塔半个样稿图案，练习对折对称剪、镂空剪的技巧。
　　（三）喜欢剪纸活动，乐于与同伴分享自己的剪纸经验。

三、活动准备

（一）材料投放

1.印有惠州泗州塔的半个样稿图案的彩纸：黄色系、蓝色系分开投放，样稿图尺寸有 A4、32 开。

操作材料

2. 各种形状的纸板、剪刀、铅笔、固体胶。

（二）环境创设

在美工区摆放惠州泗州塔的图片，供幼儿欣赏。

四、活动过程

（一）活动推进一

1. 由观看惠州历史文化名城的标志性建筑——惠州泗洲塔导入活动，萌发幼儿参与活动的兴趣。

这是什么地方？你来过这里吗？泗州塔有几层？我们今天来尝试用剪纸的方式来表现泗洲塔。

2. 幼儿进区活动，教师观察引导

睿睿、煊煊两位女孩对剪纸特别感兴趣，她俩小声地交谈自己的想法，选好自己喜欢的彩纸，睿睿先观察了印有惠州泗州塔的半个样稿图案，然后轻轻地沿着半个样稿图折叠、压出折痕，煊煊也用同样的方法轻轻地折叠好；沿着轮廓两人都剪得挺快，睿睿镂空每一个窗户时，能轻轻地放慢速度，轻轻对折窗户图案的小方框，在较短的折线上轻轻剪一下，就把剪刀伸进去，但是窗户比较小，睿睿直角转弯时还是剪掉窗户上方——塔身的一小部分；煊煊剪纸的动作比较快，镂空窗户时，剪刀下得快，塔身被剪掉一块了，明显破坏了泗州塔的整体感，煊煊扁了扁嘴角，觉得很可惜。睿睿跟她说："你再剪一个吧，慢慢剪才能成功的。"煊煊向前移动了一下身体，决定再来试一次，睿睿也继续剪，两人剪出的作品都有点进步，老师对她俩竖起大拇指，鼓励她俩继续加油，两个小伙伴开心地笑了。

3. 活动的分析与思考

孩子们对泗洲塔较熟悉，根据画有塔的半个样稿图案对折彩纸就能剪

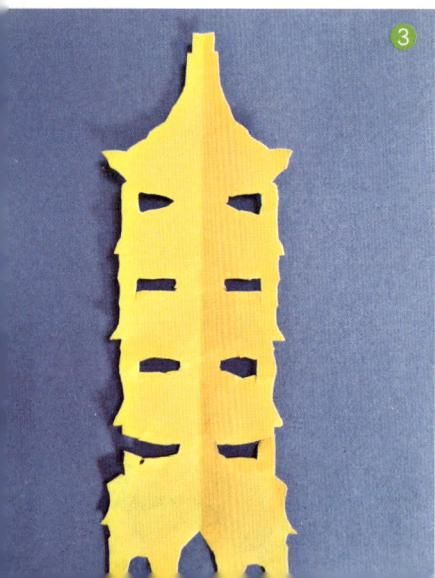

图1 图2 幼儿操作

图3 图4 作品展示

出一座泗州塔的外形；但是镂空塔上的窗户，对中班孩子来说有点难度。睿睿拿起剪刀沿着泗州塔的半个样稿图，轻轻地剪起来，虽然有点瑕疵，但愿意再尝试练习；煊煊在遇到问题时，在同伴的鼓励下较好地推动活动的进展。孩子们在新的尝试中，获得成功的快乐与满足，从而体验剪纸的乐趣。

4.调整措施

（1）提供多种镂空的样稿图案供幼儿练习。

（2）投入32开纸大小的泗州塔半个样稿图案。

（二）活动推进二

1.谈话活动

展示活动一，小朋友的泗洲塔剪纸作品及泗洲塔高清图片，与幼儿讨论：怎样能更好地剪出泗洲塔上的镂空？

2.幼儿进区活动，教师观察引导

杨杨走到美工区，他选了一张32开大的泗州塔，熟练地沿着半个样稿图折叠、压出折痕，拿着剪刀开始剪起来，杨杨左手捏纸的位置紧跟着剪刀轻轻地在移动，遇到弧线、飞檐翘角处，杨杨就放慢动作轻轻地、慢慢地剪；到了镂空部分时杨杨放下剪刀，在窗户中央折了一下，又拿起剪刀轻轻剪个小口，再把剪刀轻轻钻进小口，沿着窗户的直线慢慢地镂空剪，剪出的窗户方方正正；珞珞小朋友在旁边细心地观看杨杨镂空部分的剪法，

幼儿操作

— 181 —

然后用同样的方法去尝试，两人剪完后，对作品还满意，就拿了其他彩纸样稿图，剪了一点装饰图，布置了一幅剪纸作品。

3.活动的分析与思考

教师在孩子第一次游戏后，及时提供多种镂空的样稿图案供幼儿练习，部分孩子已经掌握最简单的镂空技巧：先将镂空图案对折剪出一个口子，再把剪刀钻进去沿线剪出镂空的部位。教师增加 32 开大小的泗州塔半个样稿图案，让幼儿练习更细心地剪出泗州塔，孩子们在剪纸过程中相互学习，不断积累经验，从而获得成功，体验剪纸的乐趣。

4.调整措施

（1）多引导幼儿观察、欣赏惠州西湖标志性建筑的外形特征，并描述他们的主要特征。

（2）提供几种惠州西湖标志性建筑半边样稿图，供幼儿运用已有的剪纸经验剪下图案。

（3）在美工区把幼儿的作品展示出来。

五、活动反思

美工区开展本土民间艺术剪纸以来，孩子们参与的积极性、主动性明显地增强，也促进了孩子们相互之间的交流与学习，大部分孩子的动手能力有所提高，还带动了家长们的热情参与。在活动中教师要趁热打铁，引导幼儿从易到难，循序渐进，学习对角折、两对折，同时引导幼儿认识所折图形的"中心角""中心角的对边""相邻边"，尝试在折好的纸上画一些简单的图案：例如半圆形、三角形、椭圆形，沿着折痕画出折线，剪出各种有趣的作品。活动过后，教师还应给孩子分享的机会，教师和其他孩子在评价过程中，鼓励孩子取长补短，让孩子们学习更多的剪纸经验；每次评出最好的作品，一段时间后统一装裱，展示到美工区的作品展示栏，激励幼儿力争进步，创作出最好的剪纸作品，体验成功的喜悦。

小·小·升旗台
中班剪纸活动
李 玲

一、活动背景

我班幼儿经过小班撕纸、剪纸的基础，进入中班已经能正确的使用剪刀。最近因为国庆节的来临，孩子被国庆的欢乐氛围感染，也激发了他们想为祖国妈妈献礼物的强烈愿望。为了让孩子更好地了解我们祖国，满足他们为祖国献礼的需求，我在美工区投放了剪纸材料，引导幼儿在美工区用剪纸的方式展现国旗，使幼儿掌握相关的剪纸知识，技能，发展精细动作，陶冶幼儿的爱国情操。自己动手制作属于自己的旗子可以提高幼儿的观察动手能力，促进幼儿全面和谐健康发展。

二、活动预设目标

（一）认识五星红旗。
（二）能够按轮廓剪纸。
（三）萌发热爱祖国的情感。

三、活动准备

（一）材料投放

需要准备的材料：剪刀、双面胶纸、吸管两根、画有长方形线条红色硬卡纸 1 张、画有一颗大五角星和 4 颗小五角星的黄色彩纸 1 张、细绳子 1 根。

（二）环境创设

操作材料

1. 在美工区悬挂国庆元素的图片。
2. 在国庆前后开展一系列庆祝活动。

四、活动过程

（一）活动推进一

1. 谈话活动

老师："我们来看看今天老师为你们在美工区投放了什么新材料？"玥玥小朋友拿起吸管说："老师这里有吸管，我们这次是要做饮料吗？"恺恺小朋友看到有 5 个黄色的星星和一个红色长方形框框说："我们肯定是要做五星红旗。"老师："是的。今天老师在美工区投放了小小升旗台的材料，感兴趣的小朋友可以到美工区选这份材料。"

2. 幼儿进区游戏，老师观察指导

区域活动中，晨曦、铭铭选择了剪纸"小小升旗台"的材料。晨曦和铭铭都很完整地把红色长方形剪了下来，但是在剪五角星的时候，铭铭大喊："老师不好啦，你看我把五角星的角给剪下来了。"一旁成功剪下大五角星的晨曦说："哎呀，我的小五角星也被我剪坏了。"两个小朋友都着急起来，老师走过来慢慢引导她们："你们可以把五角星的角分开剪，这样就不容易剪到角了。"最终五星红旗除了五角星，其他部分晨曦和铭铭都很好地完成了。他们仿照着五星红旗，把五角星粘在剪下的红色长方形卡纸上，并在老师的引导下，完成升旗台的粘贴，只要拉动绳子国旗就会跟着绳子上下移动。铭铭开心地说："看我的小小升旗台完成了。"晨曦说："哈哈，我的五星红旗都升起来了。"

幼儿操作

3. 活动的分析与思考

小朋友们能够熟练的进行沿直线剪，但是对比较精细复杂的剪纸经验不够。剪五角星的这个操作对于刚上中班的小朋友来说难度较大，需要更多地练习。很多幼儿还不能完成打结的动作，但是在老师的引导下，幼儿能够基本剪出五角星。

4. 实施措施

（1）提供一些较简单的转折剪的剪纸材料供幼儿操作练习。如剪大的钝角、锐角等。

（2）提供学习打结的材料，让幼儿学习简单的打结。

（二）活动推进二

1. 幼儿进区游戏，老师观察指导

区域活动中，刘玥和谢天乐选择了美工区"小小升旗台"的材料。玥玥先把长方形的旗子剪下来，乐乐则先在黄色彩纸上面根据老师的模板画星星，并剪下来。乐乐："老师你看，我的五角星被我画得有点圆了。"
老师："因为你练习得比较少，还没有经验，慢慢练习就肯定会进步的。
你们现在制作一个属于自己的五星红旗吧。"玥玥："老师你看我可以剪
尖尖的五角星。"两位小朋友都有条有序地把自己画的五角星剪下来，粘
在红色的长方形硬卡纸上。用绳子将两根吸管穿在了一起，最后，打结环
节两个人都不会请求老师帮忙。在老师的引导下都自己成功地把两个吸管
绑在了一起。区域分享的时候邀请了美工区的小朋友来展示自己的旗子，
玥玥和乐乐都把属于自己的五星红旗亮出来，并跟着国歌把五星红旗升起
来了。

图1、图2 幼儿操作　　　　　　图3、图4 幼儿作品展示

2. 活动的分析与思考

小朋友能够发挥自己的想象力，根据老师提供的模板，画出属于自己的五角星，也熟练掌握连续沿直线剪，可以把自己画的五角星完整剪下来。打结仍然需要多加练习，需要在老师指导下完成。

3. 实施措施

（1）提供学习打结的材料，让幼儿学习简单打结方法。

（2）让幼儿多加练习剪各种角，积累经验。

（3）要适当给幼儿增加剪纸的难度。

五、活动反思

通过在区域活动的剪纸操作，幼儿体会到了成功的乐趣，充分激发了幼儿对剪纸艺术的兴趣，萌发了幼儿的爱国精神。在区域活动中，教师还需要注意材料投放的内容要符合幼儿的年龄，并加强对幼儿的观察，了解幼儿的经验技能，从而更好地帮助和支持幼儿进行剪纸活动。

翩翩起舞的蝴蝶

中班剪纸活动

邬晓君

一、活动背景

剪纸，又叫刻纸，是一种镂空艺术，是中国民间艺术中的瑰宝。我班幼儿经过小班一系列的撕纸、剪纸活动，掌握了简单的剪纸技巧——对称剪。进入中班后，幼儿对剪纸活动更是产生了浓厚的兴趣，为了让幼儿进一步感受剪纸在视觉上给人以透空的感觉和艺术享受，我在美工区投放了剪纸材料——形态不一的"蝴蝶"。

二、活动预设目标

（一）知道剪纸是一种民间艺术，能够看懂（蝴蝶模版）剪纸线稿图。

（二）在简单的对称剪的基础上，尝试利用镂空剪纸的技巧剪出不同花纹的蝴蝶。

（三）喜欢剪纸活动，感受剪纸活动带来的乐趣。

三、活动准备

（一）材料投放

1. 幼儿剪刀。

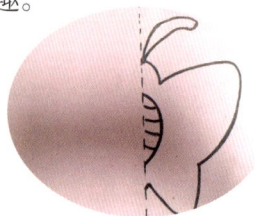

操作材料

2. 印有蝴蝶模版的彩色剪纸线稿图。

（二）环境创设

设置具有浓厚剪纸氛围的区域环创。

四、活动过程

（一）活动推进一

1. 区域活动观察分析

我班孩子很喜欢剪纸，在区域活动时总喜欢拿着剪刀各种随心剪，剪出来的图案更是五花八门。有时候，还会为各自的作品各执一角，大家都夸自己的剪得最漂亮。晴晴小朋友拿起图稿，皱起眉头："这个怎么剪啊？我不会啊！"然而，萱萱小朋友正好相反。萱萱心细、稳重，每次剪纸活动中，她总是表现得一丝不苟。于是，萱萱带动晴晴从最简单的对称剪纸入手，

认真观察对称剪纸——蝴蝶，然后再拿起对称剪纸蝴蝶的线稿图案进行剪纸。晴晴最大的困惑在于对称折这一步怎么都折不好，心急地念叨着："我不会折哦！"萱萱非常耐心地引导晴晴看示意图，边说边示范，晴晴不一会就学会了。接下来的对称剪也就不是问题了。就这样，晴晴在几番练习下，终于能把完整的对称剪纸——蝴蝶剪得栩栩如生。

幼儿作品

2. 活动的分析与思考

幼儿基本能完成各种造型的蝴蝶对称剪纸，有个别幼儿在按虚线对折这一步上面没有完成好，导致接下来的对称剪纸活动不能很好地完成。让熟能生巧的幼儿带动动手能力较差的幼儿起到事半功倍的效果。

3. 改进措施

（1）提供多种蝴蝶样式的剪纸让幼儿练习。

（2）适量提供较简单的镂空蝴蝶模版剪纸让幼儿尝试。

（二）活动推进二

1. 区域活动观察分析

有了之前经验的积累，这次我加大了难度，在区域投放了印有蝴蝶模版的彩色剪纸线稿图，而这些蝴蝶身上都有不同的花纹。这就需要幼儿利用另一种剪纸技巧——镂空剪纸来完成剪纸活动。孩子们进到区域活动时，首先他们根据自己喜欢的花纹，选择各自将要剪的蝴蝶模板。然后利用对称剪纸的技巧把蝴蝶图案完整地剪下来。接下来孩子们就思索着怎样才能把蝴蝶身上的花纹剪下来呢？这时，明明想了一个好主意——可以在阴影部分对折一下，再用剪刀镂空剪。于是，孩子们试着用这种方法进行剪纸活动。最后的结果让大家纷纷感叹——"好神奇啊！蝴蝶变得更漂亮了，好像在翩翩起舞。"孩子们收获了成功的喜悦。

幼儿作品

2. 活动的分析与思考

随着剪纸活动的逐步开展，难度也在不断的提升。孩子们掌握了简单的对称剪剪纸技巧，为了让剪纸活动跃然纸上，提升剪纸的难度，对于幼儿而言，是充满新鲜的、具有挑战性的。

3. 改进措施

（1）提供多样式的蝴蝶花纹，让孩子尝试多样式的蝴蝶剪纸图案。

（2）鼓励幼儿大胆发挥想象力，自由进行创意镂空剪。

（三）活动推进三

1. 区域活动观察分析

有了前面的经验打基础，从基本的对称剪，到简单的镂空剪，孩子们基本上都能够熟能生巧进行剪纸活动。活动的持续开展就会有难度的延伸，让幼儿脱离模板自行设计创意蝴蝶身上的花纹。这次，澄澄尝试自己设计花纹，拿起笔："老师，我想自己画我设计的花纹，可以吗？"有了前面两个活动的基础，部分幼儿可以独立完成作品。澄澄尝试用特别的形状图案在蝴蝶纸上画出花纹，然后剪下来。"老师，我剪好啦！漂亮吗？"区域里的老师和孩子顿时响起赞叹的掌声。

幼儿作品

2. 活动的分析与思考

中班幼儿的剪纸水平发展到一定程度，可适当增加难度，增加幼儿挑战难度的积极性，发展幼儿想象力、动手能力和创新能力。孩子们在完成作品的基础上，可以变更创作的表现形式，可以尽量做到多样化展示。

3. 改进措施

（1）多引导幼儿观察身边的新奇、有创意的图案。

（2）鼓励幼儿创新剪纸。

五、活动反思

中班幼儿经过小班一年的剪纸活动，已经基本掌握了剪刀的使用方法及简单的沿线剪作品的方法。因此中班应该让幼儿学习结合多种方法，基本上掌握一定的剪纸技能，大胆操作、大胆表现。继续培养幼儿通过积极参与剪纸活动，培养幼儿的想象力、创造力，并且乐意参加并尝试剪纸活动。幼儿通过自己的一双小巧手剪出了各式各样的、花纹不一的、漂亮的蝴蝶，不管剪出来是简单的还是复杂的图案，都是孩子们的劳动成果，应该给予肯定。孩子们在用心创作，我们应该积极回应，保护他们的劳动成果。

在实践中，我们根据幼儿主题活动的不断深入，从主题内容、幼儿兴趣、幼儿剪纸技能发展等多方面出发，以幼儿为本位，设计了一系列幼儿喜爱的剪纸活动，在活动中不仅不断深入巩固，培养了幼儿的剪纸技能，使幼儿的审美能力、创造能力、合作意识等方面都有了一定的发展。亲身体验使孩子们收获了成果，收获了成功的喜悦。

家乡的桥

中班剪纸活动

邹 婷

一、活动背景

我班的幼儿经过小班一系列的撕纸、剪纸活动。进入中班后已经能正确地使用剪刀，剪出各种线条以及简单的对称剪。对剪纸兴趣很浓厚。最近我们开展了惠州本土的一系列活动，孩子们对家乡的桥特别有兴趣。为了让孩子们更好地了解家乡的桥，用多种方式展现桥的外形特点，我在美工区投放了剪纸的材料，开展了"家乡的桥"剪纸活动。

二、活动预设目标

（一）能够按照线稿图案剪出家乡的三座标志性的桥。初步掌握平行连续剪纸、镂空剪的技巧。

（二）尝试看图片画样稿进行剪纸。

（三）喜欢剪纸活动，对剪纸活动继续保持浓厚的兴趣。

三、活动准备

（一）材料投放

1.幼儿剪刀。

2. 画有九曲桥、水门桥、合生大桥的半个样稿图案的彩纸若干。

3. 各色彩纸、白纸、彩笔。

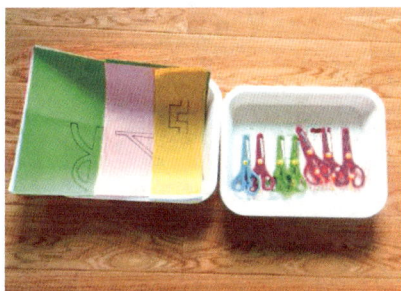 

操作材料

（二）环境创设

1. 在美工区悬挂惠州的各种桥的图片。

2. 粘贴惠州剪纸名家的剪纸图片，供幼儿欣赏。

四、活动过程

（一）活动推进一：剪九曲桥

1. 谈话活动

教师在活动前向幼儿提问：你们知道惠州有哪些桥？你们最喜欢的是什么桥？今天老师在美工区投放了惠州一些桥的剪纸图案，感兴趣的小朋友可以到美工区拿剪纸的材料，按照图案进行剪纸，剪好后打开看看是什么桥？然后可以把你的成品展示给大家看哦！

2. 幼儿进区活动，教师观察指导

区域活动中，玲玲、得懿选择了剪纸"九曲桥"的材料，他们拿着彩纸先对边折了一次后，开始按照图案剪纸。剪完后打开彩纸发现剪的图案还连在纸上，并没有独立断开。玲玲说："怎么回事啊？桥拿不下来啊？"得懿说："对哦，我们还没有剪完呢？"两个小朋友拿着纸翻来覆去仔细

幼儿操作

观察了一下，没有找到原因，于是请教老师，老师引导她们打开彩纸连续对折两次试试，很快她们就找到了方法，连续折叠两次后再按照图案剪纸，剪下来的图案平行、连续、完整，他们开心地说："我们剪出了九曲桥哦！"并把作品放进了成品盒。

3. 活动的分析与思考

小朋友们能够较熟练进行对边折剪，但对于平行连续剪纸经验不够，因此他们拿到材料首先是按照以往的经验根据图案进行对折剪。当发现打开后没有完整出现桥的整体形象时，他们开始观察、思考和想办法解决问题，老师引导她们对折两次后再进行剪纸，她们很快掌握了方法，并且成功剪出了九曲桥的图案。

4. 实施措施

（1）让幼儿观察对边折剪出的作品和平行连续剪纸的作品的不同之处，并引导幼儿掌握平行连续剪纸的方法。

（2）提供更多的平行连续剪纸的材料供幼儿操作练习，如剪花边，剪连在一起的小朋友等。

（二）活动推进二：剪合生大桥、水门大桥

1. 幼儿进区活动，教师观察指导

　　小朋友学会剪九曲桥后很有成就感，想继续探索其他熟悉的家乡桥的剪法，于是老师继续在美工区投放合生大桥、水门大桥的剪纸样稿。一鸣、彤彤选择了剪纸材料。他们先观察了样稿上的图案，然后按照中线对边折叠一次，再按照图案进行剪纸。当把外围的图案剪好后，他们停了下来，因为发现桥中间需要镂空的部分很难剪。一鸣说："这个三角形的中间该怎么剪？剪刀伸不进去啊？"彤彤把纸转动了一下，说："我弄个洞看看。"说完，她用剪刀在三角形中间戳个洞，然后把剪刀一边伸进去，接着沿着线完整地剪下了镂空的部分。一鸣也跟着用同样的方式剪出了水门大桥。体验到了成功的乐趣，两个人又兴致勃勃地拿出了水门大桥的材料继续进行剪纸。

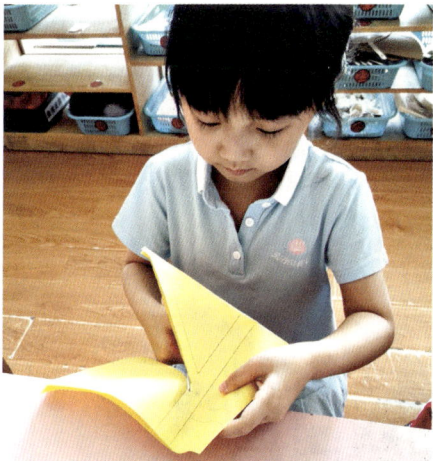

幼儿操作

　　2. 活动的分析与思考

　　一鸣和彤彤对对边折剪已经较熟练，但都没有镂空剪纸的经验，一鸣能够通过观察发现问题，彤彤勇于尝试，用自己的方式解决了当没有开口时，怎样把剪刀放进去剪下中间的部分这个难题。

　　3. 实施措施

　　（1）教师需要引导幼儿进行镂空剪纸的正确方式，比如使用专业剪纸的尖头剪刀。除了戳洞以外，还可以先把需要镂空的图案进行对折，再沿着图案线条进行剪纸，或对折后先剪出个口子，再把剪刀从开口处沿线剪纸。

（2）提供更多的较简单的镂空剪纸材料供幼儿操作练习，让幼儿逐步掌握较简单的镂空剪技巧。

（三）活动推进三：自己画样稿剪桥

1.幼儿进区活动，教师指导观察

通过对九曲桥、合生大桥、水门大桥的剪纸，孩子们对用剪纸的方式展现桥的兴趣更加浓厚，经常问下次老师会提供什么桥。于是老师提供了几种桥的图片，鼓励幼儿仔细观察桥的主要特点，自己照着图片画样稿剪桥。

区域活动中，川川看着西新桥图片，澄澄看着花洲桥的图片，用小头笔在白纸上对着画样稿图，开始他们不知道该如何画样稿图，老师介入引导他们先观察桥的主要特征，如桥是弯曲的还是平的，有几个桥孔等。观察清楚后，再动笔画。川川抓住了西新桥桥面弯曲和有三个桥洞的特点，澄澄抓住了花洲桥有三个大半圆桥洞、三个小桥洞的特点，画得比较逼真。接着他们小心翼翼地把画的样稿剪下来。

幼儿操作 〰〰〰〰〰〰〰〰〰〰〰〰〰〰 成品展示

2. 活动的分析与思考

川川、澄澄都是对绘画很有兴趣，并且观察能力较强的孩子，但对照建筑图片画平面图经验还不够。如何让孩子抓住桥的主要特征是老师引导的重点，孩子画起来也会更加形象。

3. 实施措施

（1）多引导孩子观察、欣赏身边美的事物，并能描述事物的主要特征，再把主要轮廓画下来。

（2）提供丰富的有特点的建筑图片供幼儿练习画样稿图，并运用已有的剪纸经验剪下图案。

（3）布置剪纸展览区，让幼儿把自己的作品进行展览。

五、活动反思

我们的家乡惠州是一座美丽的山水城市，素有"半城山色半城湖"之称。其中多座形状各异、极具特色的桥梁为惠州增添了璀璨的光彩。而惠州剪纸历史悠久，源远流长，作为传统工艺美术被完好的传承下来。我将以上两者结合起来，引导幼儿在美工区用剪纸的方式展现幼儿所熟悉的桥，不仅使幼儿掌握相关的剪纸知识，剪纸技能。更能获得对剪纸活动持久的兴趣，获得亲身参与与实践的积极体验和丰富经验，以及对家乡剪纸文化和家乡建筑的热爱与传承。

剪纸活动——家乡的桥在我班美工区已经开展了近一个月的时间，幼儿经过不断地发现、体验与探索，学会了简单的平行连续剪纸、镂空剪纸，能够独立完成家乡的九曲桥、合生大桥、水门大桥的剪纸以及尝试自己画样稿剪纸，并且把自己的作品进行展览，获得积极的体验与成就感。在活动中，教师还需更细致的观察与了解幼儿的经验技能和发展，提供更多的材料，如专业剪纸剪刀、长条形的彩纸、各种桥的图片等帮助和支持幼儿进行持续的探索与实践，发展对知识的综合运用和创新能力，为幼儿提供展示交流的机会，满足他们情感的需要，从而获得满足与成就感。

家乡的桥别样美
中班美术综合活动
吴小兰

一、活动背景

由于我们幼儿园地处西湖边，站在幼儿园的天台就可以浏览西湖里的三座桥：九曲桥、花洲桥和西新桥，为了让幼儿从身边的桥入手，认识惠州各种各样的桥，感受家乡桥不一样的美，我们班开展了本土特色活动"家乡的桥"。在活动的开展中，我们经常能听到孩子们在讨论"西新桥有多少个桥洞？""惠州最长的桥是什么桥？""我们惠州有没有一样的桥？""我最喜欢的桥是……"看到孩子们对惠州的桥兴趣点很高，为此，我们开展相关的延伸活动，设计了美工区活动"家乡的桥别样美"，让孩子们利用编织、剪纸、农民画三种本土民间艺术形式装饰惠州的桥，设计惠州未来的桥。

二、活动预设目标

（一）尝试用编织、剪纸、农民画三种本土民间艺术形式相结合，运用丰富的操作材料表现家乡的桥。

（二）欣赏家乡的桥，萌发热爱家乡的情感。

（三）增进想象力和动手能力，体会合作的乐趣。

三、活动准备

（一）提供大小画笔，各种颜色的颜料，毛巾。

（二）各种颜色的蜡光纸、剪刀、胶水。

（三）编织材料：各种麻绳、毛线、牛皮纸条等。

操作材料

四、活动过程

（一）活动推进一：自由探索材料的玩法

今天美工区新投放了材料，孩子们都非常感兴趣：有西湖里的各种桥的图片，有各种大小的牛皮纸条、麻绳、毛线等编织材料。根据孩子们的能力水平的差异，在剪纸材料上也有所准备，有折好的，也有没折的。孩子们看到这么多的材料不知该从何入手，他们都先拿图片《西湖的桥》看了看又放回原位，马上去找自己喜欢的材料。锋锋看了看准备好的材料，选择了折好的纸开始剪西湖的桥；申申选择了没有折好的纸，他拿到纸后想了想开始动手，按照自己的想法折了起来，他的折法和我准备的折纸不一样，是个三角形的形状，然后把三角形上面桥的图案剪下来，一打开，桥断了，再继续尝试折其他形状的纸，不断尝试终于剪好一座桥的图案；佑佑在思思的旁边，她拿了两根牛皮纸条左看看右看看，自己不知道该怎么动手，最后她把目光落在了思思的手上，她认真地看着思思是怎么玩的，思思拿了几根排好，另外一根上下穿进纸条。佑佑问："你怎么知道这样玩的？"思思说："我奶奶说席子就是这样编的。"但编好的第一根纸条总会掉出来，佑佑说："我们一起编吧，我来按着就不会掉了。"两个孩子合作得很开心，很快一块"小席子"就编好了，她们继续编，最后把编好的几块"小席子"拼成一座桥；熙熙用麻绳编三股辫，编好也尝试摆出桥的造型。小机灵佑佑说："我们大家的桥都摆在一起吧！"大家都很赞同，这个时候我给孩子们提供了一块小展板，大家一起动手把各自的作品摆在上面，一座座"西湖的桥"就展现出来了，大家介绍自己的作品，很有成

就感。

1. 活动的分析

孩子们都有个体差异，所以孩子们的作品水平也参差不齐，在材料上也有考虑这个问题，让幼儿自由选择，陈崇申动手能力比较强，他选择的是没折好的纸，不断尝试。锋锋选择的是折好的纸，直接剪下自己喜欢的桥。佑佑是个好学的孩子，她愿意跟同伴学习新的编织方法，合作完成，并带动大家一起展示作品，分享成功的喜悦。

2. 教师的支持策略

在新材料投放时，让孩子们自由探索新材料的玩法，让孩子们利用不同的材料展现"西湖的桥"，但孩子第一次自由创作，作品色彩还不够丰富，没有突出桥的造型美。

3. 调整目标

（1）通过背景突出整个作品的色彩。

（2）材料投放调整：提供浅绿、深绿、浅蓝、深蓝、橙色、粉色等色彩的颜料，透明胶布，白乳胶，粘贴新材料的隐性指导图示。

调整操作材料

（3）投放各种模板"西湖的桥"，展示出孩子们的第一次作品让幼儿自由欣赏。

（二）活动推进二：自由协商，合作装饰"西新桥"

经历了第一次的操作，孩子们积累了一定的表现桥的经验。今天孩子们一进区就发现了很多桥的模板，佑佑问："老师，今天我们可以用这个吗？"我笑着说："可以啊，但今天只能选一块。""我们装扮哪一座桥呀？""我喜欢弯弯曲曲的九曲桥。""我喜欢桥上有亭子的望湖亭桥。""还是选花洲桥吧？"大家意见不统一，佑佑说："那我们石头剪刀布来决定吧！"大家最后用石头剪刀布的方法决定一起装饰西新桥。这次大家还是各自选择自己喜欢的材料，但边操作边看西新桥的模板。申申对双胞胎哥哥杰杰说："这座桥这么长，我们也一起编织吧！"他们两个拿了红色的毛线开始编。上次用牛皮纸条编"席子"的小朋友今天也很快编好了一块，但当她们摆在西新桥上时发现"席子"太大，模板上画的九曲桥桥身比较窄，这么宽的牛皮纸条编得不适合。佑佑看见了说："太大了，把桥都挡住了，可以用很小的纸条编呀。"思思雅听了高兴地说："对呀，我们把牛皮纸条剪小一点就可以了。"于是，她们先剪纸条，再重新编织，还想到在排好队的小纸条后面贴上透明胶布，纸条就不会再松开。璇璇拿了张彩色纸用对折剪的方法很快剪了一条小船，她把小船摆在西新桥的模板上面，开心地对我说："吴老师，你看看我的小船要穿过小桥了。"她突然又说："桥下面怎么没有水呀？吴老师，我可以画上水和天空吗？""可以啊！"爱画画的曜曜开始为她的小船制造"家"了。最后大家一起把编织好的"小席子"用白乳胶粘贴到西新桥上时，桥身以外的部分剪掉，申申哥俩再用红色小辫子装饰桥，最后把剪好的小船和小鸟贴在背景图上，画面更丰富了。虽然这次的进区时间比较长，但他们很喜欢自己的作品，很喜欢这座美丽的西新桥。

幼儿操作

幼儿作品

1. 活动分析

因为佑佑的一个提问启发其他小朋友的想法，并用石头剪刀布的方法决定大家一起装饰的桥，大家也采纳了佑佑的想法。这次活动大家有一个共同的目的，会根据装饰的桥的特点来决定自己的操作活动，申申哥俩会一起来编织，思思和佑佑会根据桥身改变编织纸条的大小，还想到在排好队的小纸条后面贴上透明胶布，孩子们自然产生了的合作意识，他们的想象力也是不容小觑，我们尊重孩子们的想法。孩子们在区域活动中，发现不足，自我改善，他们得到了一点点的进步，这不就是孩子们在区域中自我学习吗？我们要做的是：应孩子们的兴趣与需要，为他们提供材料。

2. 教师的支持策略

经过前两次活动——"西湖的桥"，孩子们已经能熟能生巧地操作了，每个孩子都能利用自己喜欢的材料跟同伴一起装饰自己熟悉的桥，我为他们的表现感到高兴。第三次活动我们采取更多的编织材料和剪纸材料，让孩子们一起来装饰惠州更大的桥——合生大桥，让孩子们更进一步了解家乡的桥。

3. 调整目标

（1）欣赏同伴表现，对同伴的作品给予鼓励和支持。

（2）在装饰西湖的桥基础上，尝试装饰惠州的合生大桥。

4. 材料投放调整

有颜色的牛皮纸，各种颜色的纸藤、毛线。

（三）活动推进三：合作完成"合生大桥"

有了前两次的操作，孩子们对装饰桥的兴趣有增无减，今天我提供的材料与前两次大有不同，桥的模板不再是西湖里的桥，是我们惠州的合生

操作材料

大桥，也增加了有颜色的牛皮纸、各种颜色的纸藤等。活动开始了，小朋

友们一直在找模板"西湖的桥",但没有找到,只看到一块更大的模板,大家也很熟悉,一起说:"是合生大桥。"我笑着说:"想不想一起来装饰我们的合生大桥?"孩子们一下子兴奋了起来,璇璇笑着说:"我家就住在合生大桥附近,我画上我的家。"阳阳说:"那我来编辫子装饰桥身吧!"其他孩子发现这次没有牛皮纸条,只有有颜色的牛皮纸,他们商量先剪纸条再编。在剪纸条的过程中他们又遇到一个难题:纸条剪得不均匀,编得不好看,怎么办?佑佑说:"我们可以印着画条线线再剪。"看到材料里没有纸条,佑佑跑到我跟前:"老师,我想要一条上次的牛皮纸条。"我看她那个认真样,就直接给了她。只见她让一个小朋友帮忙按着纸条,很快就画了很多线。剪好各种颜色的纸条后就开始编了。其他小朋友有的用麻绳编,有的用毛线编,有的用纸藤编。编织好一些辫子以后,阳阳想把辫子粘在桥面上,但他发现辫子贴在桥的斜拉线上更合适,因为这是一座斜拉桥,他数了数桥上还有很多线,又回到位置继续编织,还大声说:"大家要加油,桥上有很多线线的。"别的小朋友也似乎受到了启发。喜欢剪纸的申申这次剪了船、树、小鸟、云、太阳,还有桥上的车,剪好并贴在相应的位置以后,跟大家一起装饰桥身,虽然这次活动时间比较长,但孩子们意犹未尽,看到一起完成的作品"合生大桥",大家都很有成就感。

1. 活动分析

不同的材料可以创造出各种各样美的作品,让孩子们体会创造美的过程,收获成功的喜悦。因此,教师在为美工区提供材料的过程中,必须尊重幼儿的兴趣需要,为幼儿提供更有利于其长足发展的相应材料,让幼儿在与材料的互动中获得发展。

2. 调整推进

(1)目标调整:欣赏同伴表现,对同伴的作品给予鼓励和支持。

(2)尝试用简单的线条设计"家乡未来的桥",并用各种材料大胆装饰。

3. 材料投放调整

A3 白纸若干、小头笔、各种颜色的颜料、有颜色的牛皮纸、各种颜色的纸藤等。

（四）活动推进四：共同设计"家乡未来的桥"

经过一段时间的本土课程活动"家乡的桥"及区域操作活动。

"装饰家乡的桥"，孩子们对家乡桥的外形、种类和用途有了更进一步的了解。今天进区时，美工区的孩子们还在讨论如何装饰惠州的桥，但看看材料中没有桥的模板，有点愕然。我笑着跟这几个孩子说："我们先来看看这些图片。"孩子们看着一张张惠州桥的图片，都能很快说出名称，简单说出桥的外形。"这些都是我们惠州的桥，都是大家见过的，今天想请大家为我们惠州设计一座新的桥，叫未来的桥，先设计再装饰。"一听到可以当设计师，大家都抢着画，这是出乎我预料的，我还担心大家不愿意尝试。大家竟然都想当设计师，为了满足小朋友们的探索欲望，我让每人用简单的线条画一座桥。孩子们很快就完成了，大家互相讨论自己设计的桥，"我喜欢张雨晴的桥，好大。""我喜欢这座桥，两层的。"听到他们的议论，我笑着说："大家都很棒，那我们选用谁设计的桥呢？"大家说投票决定，最后大家投票决定选用了陈耕彬设计的"双层大桥"。有了设计图大家就一起动手装饰这座桥，杨心媛用了鲜艳的纸条编织，上下两层用了相近色；伍俞桦用粗细不一的麻绳辫子装饰桥的周围；其他小朋友也在按自己的方式装饰这座未来的桥，有的用编织，有的用剪纸，有的用添画，很多材料的搭配都跟以前不一样，孩子们说这是新的桥，是各种颜色的七彩桥。活动结束，这幅"家乡未来的桥"画面虽然有些凌乱，但这是孩子们心目中的桥，是他们自己设计的七彩桥！

作品欣赏

五、活动反思

（一）在活动当中注重个体差异及幼儿间的相互影响

同一活动区内活动的孩子会具有共同的或者相似的兴趣

爱好和发展需求，每个孩子都在有意无意地关注同伴的言行，有着来自同伴的激励和启发，通过相互交流，产生新的思想火花，进而不断地进行新的探索。幼儿间互相观摩，学习启发和激励是经常发生的，成为幼儿不断进步，不断提高的重要推动力量。在材料投放时也要关注孩子的个体差异，投放难度不一的材料，让能力相对较差的幼儿也能获得成功的喜悦。

（二）需要教师角色的灵活转换使其发挥更大的教育效益

美工区活动的开展，需要教师角色的灵活转换，使其发挥更大的教育效益。活动前，教师按幼儿的需要而设计活动，是策划者，是给幼儿提供材料工具的供给者。在前置活动中，教师是倡导者，激发幼儿进入新学习的兴趣，观察、分析其兴趣、能力及需求情况，以便进一步修改完善计划，补充、调整材料，促进活动的开展。活动中教师既是组织者又是参与者，根据幼儿发展水平，给予不同层次的指导，或给予建议或点拨式的指导，帮助他们不断完善、提高表达能力。在评价活动中，教师又是欣赏者，和他们一起欣赏、分享成功的快乐。

花团锦簇
大班剪纸活动
江淑萍

一、活动背景

我班幼儿经过了对称、三折剪纸、四折剪纸等一系列剪纸活动，已经能够剪出许多好看的作品，而且大部分幼儿剪出来的图案线条流畅。最近发现孩子们喜欢玩拼接、组合玩具，于是将这种形式运用到剪纸中，让孩子能够更好地了解组合的特点，根据孩子的兴趣及现有水平，在美工区开展了"花团锦簇"为主题的剪纸活动。

二、活动预设目标

（一）学习描画和沿线剪图案，剪纸边线光滑、弧线圆润。
（二）大胆尝试将剪下的图案进行拼贴组合。
（三）喜欢剪纸活动，养成细心、耐心的好习惯。

三、活动准备

（一）材料投放
1. 彩纸、白色卡纸。
2. 各种花儿的模板。

3.剪刀、固体胶、铅笔和团扇等。

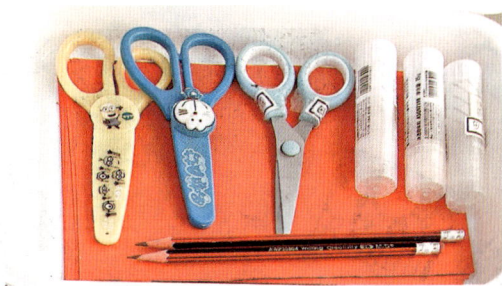

操作材料

（二）环境创设

1.张贴惠州本土特色的剪纸作品。

2.各种花儿的图片供幼儿欣赏。

四、活动过程

（一）活动推进一：使用花儿模板描绘剪纸

1.谈话活动

教师：你们喜欢剪纸吗？最喜欢什么样的剪纸？为什么喜欢？在哪里可以看到这些剪纸？（引导幼儿说出剪纸作品的名称、用途，以及为什么喜欢这个作品）

2.幼儿进区活动，教师观察指导

孩子们进入美工区后最喜欢的就是选择剪纸材料，君君选择了新投放的材料"花团锦簇"的剪纸，他先观察了篮子里的材料，然后选了一朵荷花的模板在红色纸上描画，描画完了后就张贴在了白纸上，接着他又剪了一些荷叶贴在上面。在旁边看了许久的月月也想要做这份材料，她问君君可不可以将这份材料给她操作，君君说他还想继续剪，让她选别的材料，不要打扰他。月月说："你已经剪了很久了，不能占用太长的时间。"
君君说："我就想剪多点。"月月只好失望地走开了。

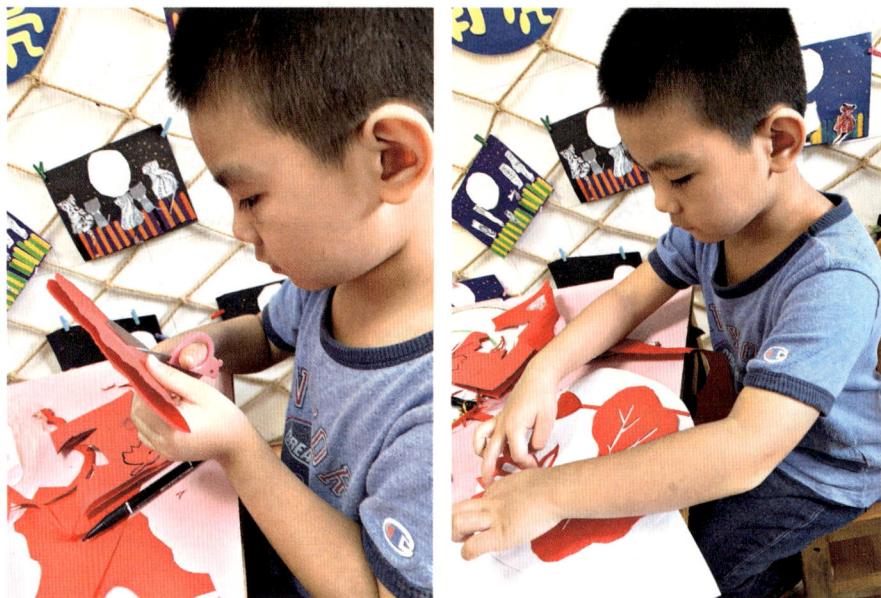

幼儿操作

3. 活动的分析与思考

幼儿因为都想要操作同一份材料而互不相让，说明这份材料很吸引人，孩子们都想要剪出好看的作品，两个孩子的说辞都没有对错，都有各自的理由。这次活动中小朋友不愿做出让步，这让我意识到这份材料可以分类化。

4. 调整措施

（1）和幼儿一起讨论"一份材料如何让更多的人同时玩"，让幼儿一起想解决的办法，如轮流操作、一起操作等。

（2）同时操作的时候，有什么办法可以将花儿分类放好，可以让小朋友立马就可以找到自己想要剪的那种花儿？孩子们想到了许多办法，如篮子、小盘子、小塑料袋、密封袋等。

（3）根据幼儿的讨论，我们将花儿分成了一份一份，然后用透明的密封袋装好。

（二）活动推进二：在模板的基础上创新剪纸

1.幼儿进区活动，教师观察指导

经过第一次的经验之后，孩子们在进入第二次活动时没有再出现争执的画面。今天是小宇和铭铭选择了这份材料，她们快速就找好了自己喜欢的花儿开始描画和折剪，剪完后还互相欣赏。剪了两种花儿以后，铭铭对我说："老师，我还看过一种花叫牵牛花，我妈妈教我画过，我想剪一朵牵牛花。"我一听，太开心了，孩子们有了自己想要创新的想法，立马说："可以呀，我很期待看到你的作品。"于是她就开始画，剪完之后，我们大家都说她画得好，铭铭开心地说回家再让妈妈教她画别的花儿。

幼儿作品

2. 活动分析与思考

随着活动的开展，孩子们在互相学习交流中获得了丰富的经验，并且能够根据自己的已有经验加入自己的创新，这是非常值得高兴的，说明孩子们在不断进步。

3. 调整措施

在区域分享环节，让孩子讲述自己的作品，并讲解自己是怎么做的。

（三）活动推进三：自由绘画各种花儿进行剪纸

1. 幼儿进区活动，教师观察指导

经过前两次的经验和分享，孩子们越来越会根据已有材料进行描画、剪等。千千在听到别人的分享后就迫不及待地想要来美工区剪一些自己喜欢的花，拿到材料后，她没有着急剪，而是选择了一张粉色纸，画了一朵玫瑰花，然后还选了红色、白色、黄色的纸，剪出了不同颜色的玫瑰花，还剪出了一个花瓶的形状，将花朵和花瓶粘贴黑色纸上，一"瓶"漂亮的玫瑰花就出现了。通过这个活动，孩子们主动去认识各种各样的花儿，丰富了知识，享受了乐趣。

2. 活动分析与思考

千千是绘画能力和动手能力都很强的孩子，绘画经验很多，于是在完成这幅剪纸画的时候非常有经验地选择了一些玫瑰花特有的几种颜色，抓住了玫瑰花的特点，画出来和剪出来的东西都很形象。

3. 实施措施

（1）多引导孩子观察各种花，观察花的花瓣，根据不同花的特点画出花的主要特征和轮廓。

（2）同一种花提供各种颜色的图片供孩子欣赏。

五、活动反思

剪纸是最为流行的传统民间艺术之一，它贴近我们的生活，是大人小孩都喜欢的手工活动。而丰富多彩的纸张吸引着幼儿的视觉，让幼儿忍不住想拿起纸张折折剪剪。利用幼儿喜欢的、贴近生活的事物来丰富美工区活动，不仅可以很好地培养孩子的兴趣和动手能力，还可以让孩子根据已有经验进行创作，从中培养了兴趣和自信，也增进了亲子间的关系。

教师应通过不断观察孩子的表现从而不断改善自己的教育教学方式，根据孩子不同的需求增加相应的操作材料，让幼儿多看看这种类型的图片或者视频资料。在实践中，丰富区域活动内容，让孩子们在健康、丰富的活动环境中收获经验和快乐。

有趣的剪纸活动
大班剪纸综合活动

马伟霞

一、活动背景

剪纸艺术作为一种在中国广泛流传的传统民间艺术，一张彩纸、一把剪刀，就可以活灵活现地表现千变万化的自然形态，可以随心所欲地表达内心世界的美感。幼儿园把民间剪纸引进集体和区域教学，通过剪纸直观、形象、艳丽、多变的图案，方便、简单的工具材料，让孩子从小就能感受传统民间艺术的魅力，幼小的心灵播撒了民间艺术的种子，深受孩子们喜欢；通过剪纸教学，由浅入深、由易到难，让幼儿在"玩、画、剪、赏"中，掌握一定的技能并体验剪纸活动的快乐。

二、活动预设目标

（一）进一步提高折、剪技能，对剪纸活动保持持续浓厚的兴趣。

（二）学会观察剪纸步骤图或实物，运用各种剪纸技能进行大胆创作剪纸作品。

（三）学会折 2 折、3 折或更多的折法，自己画样稿。

（四）能根据自己粘贴的剪纸样稿编排故事情节。

（五）尝试主题性剪纸，能把自己的剪纸作品汇总，尝试主题布置画面，使作品更具欣赏性。

三、活动准备

（一）材料投放

幼儿剪刀、各种折纸步骤图、剪纸步骤图、提供难度不同的小动物剪纸、各种镂空图案的图纸、铅笔、橡皮擦、一次性托盘、彩色蜡光纸，购买 A4 纸大小的图画本，用来做孩子的作品集等。

（二）环境创设

教师用"十二生肖"的剪纸成品装饰教室，让孩子欣赏。

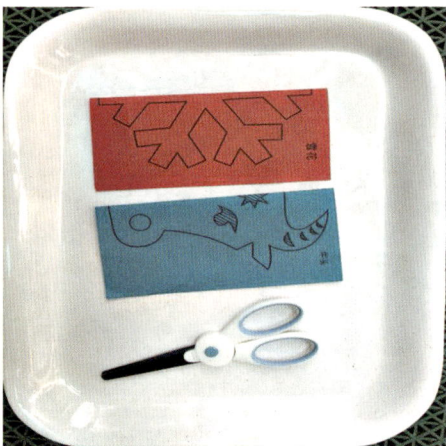

操作材料

四、活动过程

（一）活动推进一：对称剪纸

1.活动观察

经过中班开展的一系列折、剪活动后，到了大班，孩子们对剪纸依然保持着浓厚的兴趣，因为他们掌握对折、3 折、4 折等的折法，能够手眼协调剪出光滑流畅的弧线、曲线、半圆形、圆形等，他们已经不满足于对

称剪，他们喜欢将纸多次折后，用画笔设计出一些更有趣、更多的变化。

2. 活动分析

对称剪只需要孩子将纸对折，运用各种剪纸符号和技巧进行镂空，最后孩子惊喜地发现折剪出图案的有趣性。过不了多久，孩子们对对称剪缺少想法，因为孩子逐渐长大，小手肌肉日渐成熟，剪刀的技能也逐渐增强，对折剪纸没有挑战性。好玩是孩子的天性，大班孩子已经不满足于对称剪的模仿剪纸，而创造性能力的加强，使孩子们更喜欢3折、4折的多变性剪纸。老师根据孩子的兴趣和能力，提供一些不同难度的多折剪纸供给孩子练习。

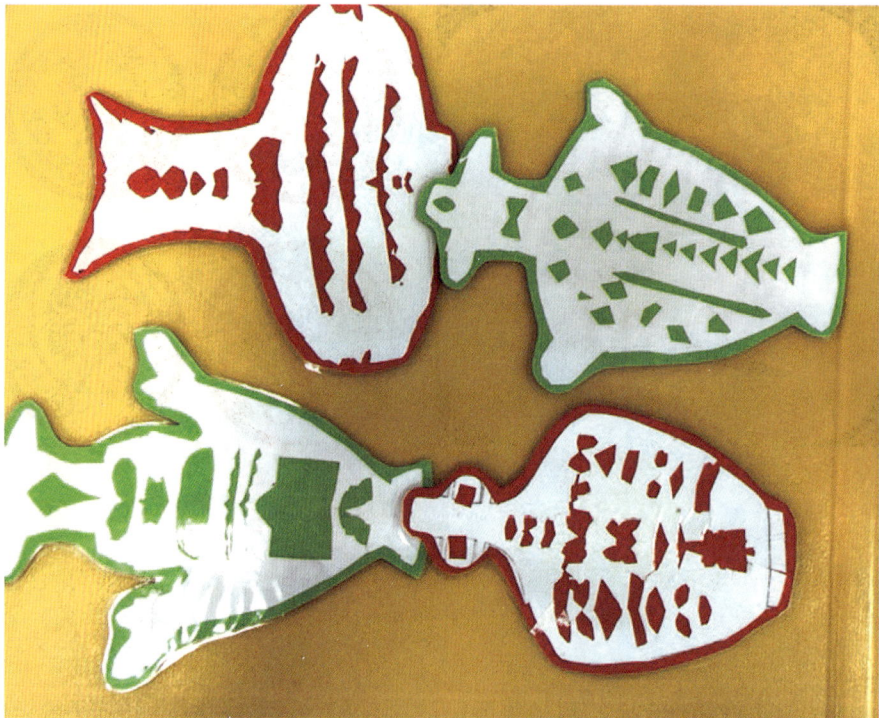

幼儿作品

3. 活动调整

孩子经过活动一的操作练习，能运用已有的技能技巧，会运用对折方

幼儿作品

法，按照对折剪纸上已有的图案进行剪纸，在作品完成后会把材料收拾完好。对于能力强的孩子，我提供了3折、4折不同程度的团花剪纸材料，孩子们把作品完成后，我会进行装裱，装饰幼儿园的环境，布置成一面"剪纸小天地"。

（二）活动推进二：设计《我的作品集》

1. 活动观察

大班孩子在对折剪花花草草的基础上，逐步开始学习剪小动物。班级有三分之二的孩子不需要老师帮忙，能独立学习看剪纸步骤图，他们的剪纸水平也更上了一个台阶。例如不再是单一的剪蝴蝶、蜜蜂等，还会对画面进行布置，完成一个组合作品。小朋友每次进区剪完一个作品后，要么就是放进小书包里、要么就是放在抽屉里，不能很好地保管，作品容易丢失不见或者损坏。于是，老师抛给孩子一个问题："我们可以怎样去保存作品呢？可以怎样让我们的作品大家都能够欣赏到呢？"孩子们积极地议论开来："老师，我们可以找个本子把它夹进去。""如果是夹在书里还不如用一个本子，把它粘贴好，把所有的作品都贴进去，日子久了就变成

一本书啦！"对，我们大家都赞成这样做，把它变成一本剪纸书！这样，我们在吃完饭的时候，大家可以一起欣赏！

2. 活动分析

兴趣是孩子最好的老师。孩子对活动内容有了兴趣，那么他才会很积极地去参与、去完成。大班孩子对于设计《我的作品集》的建议激起了孩子们的强烈愿望。老师提供各种图案的剪纸图、各种颜色的蜡光纸，孩子可以创作、模仿剪纸，把孩子的每次作品都粘贴在本子上，汇集成一本作品集，吃完饭后，孩子们可以互相欣赏。孩子们通过这一活动，欣赏水平和口语表达能力也进一步提高了。

3. 活动调整

幼儿在已有的剪纸技能技巧上逐步向难度更高的技巧挑战。在老师的引导下能把自己的剪纸作品汇总，尝试主题布置画面，使作品更具欣赏性，

幼儿作品展示

还能根据自己粘贴的剪纸样稿编排故事情节。

　　小朋友把自己的剪纸汇集，设计《我的作品集》封面、封底。幼儿能用完整的语言讲述自己作品集里的剪纸故事，老师帮忙记录故事内容。把《我的作品集》装订好，投放在美工区、语言区，供大家欣赏。

（三）活动推进三：积极挑战"我是剪纸小达人"

1.活动观察

　　教师提供在美工区的"隐形老师"——剪纸步骤图，逐渐地被孩子们喜欢。幼儿园地处环境优美的西子湖畔，小朋友每天都看得见惠州西湖的美景，于是，我提议小朋友一起用剪纸的方法，把西湖剪下来，并把剪影贴在宫灯上作装饰。

2.活动分析

　　孩子们已经不满足于剪动物了，他们想挑战更有难度、更造型的事物，还想把剪到的剪纸手工贴在不同的载体上进行装饰，同时也萌发了同伴之间的竞争意识。大班孩子富有挑战、竞赛的心理，教师应该抓住他们的这种心理，创设富有挑战性的环境去激发孩子去尝试、去挑战，以保持孩子的剪纸兴趣。所以老师决定让孩子把西湖的亭、桥、湖水等剪下来，粘贴在纸宫灯上进行装饰，鼓励孩子们积极挑战成为"剪纸高手"。

幼儿作品

3. 活动调整

在游戏观察中，我发现能力强、善于观察的孩子能把西湖的某个特点剪下来，他看见有亭子，可以用铅笔画出亭子最高部分，然后再用剪刀剪下来；发现西湖的塔是对称的，他们会用对称剪的方法再次把塔剪得很漂亮，等等。但是对于能力一般的孩子，有些创作无法完成，他的积极性就会大打折扣。那么老师就会把所有孩子进行分组合作去完成宫灯的创作，这样又大大提高了孩子间的榜样作用，对于能力一般的孩子不会有压力，乐意自己设计样稿，表现动物形象特征，成功的体验感会更容易得到。

五、活动的特点和价值所在

（一）活动的特点和幼儿学习发展的价值

新《纲要》指出："充分利用社会资源，引导幼儿实际感受祖国文化的丰富与优秀，感受家乡的变化和发展，激发幼儿爱家乡、爱祖国的情感。"将民间剪纸艺术融入区域活动，通过多渠道挖掘民间剪纸艺术元素，创设具有民间剪纸艺术特色的活动区域；在"传承创新、多元融合"教育理念的指导下，幼儿对民间剪纸艺术产生了浓厚的兴趣；培养幼儿学会感受、鉴赏、表现和创造民间剪纸艺术美的能力；激发幼儿爱家乡爱祖国的情感，促进幼儿身心的和谐发展。

（二）游戏活动反思

通过这系列游戏活动的开展，在活动中融入民间剪纸艺术，既能让集体活动材料更显丰富，更能激发幼儿的兴趣和求知欲，同时幼儿通过集体活动中的实践操作，不断探索发现，培养他们的良好的持续性学习品质。在实践中发现，在区域活动中融入民间剪纸艺术，是完全可行的，而且有理想的效果，将幼儿和教师的剪纸作品布置到教室里，鼓励幼儿用各种形象组合粘贴成剪纸画，投放于各个区域中，使幼儿充分欣赏和感知剪纸作品的语言。这些剪纸作品在创设环境过程中体现了幼儿的主体性，幼小的心灵播撒了民间艺术的种子，从小就能感受传统民间艺术的魅力。

自制剪纸小·图书

大班剪纸综合活动

吴小兰

一、活动背景

经过中班开展的一系列折、剪等活动后，到了大班孩子们还持续保持着对剪纸活动浓厚的兴趣，但教师的"教"已经不能满足他们"求剪"的欲望了。教师高兴地告诉小朋友："吴老师也有很多不会剪的东西，我不再是剪纸高手了，我们真正的剪纸高手在书中、在学习单中，我们要向它们学习，向他们挑战。"孩子们听了教师的话，脸上流露出自豪的表情，璇璇悄悄地告诉旁边的范锦源："那我们跟吴老师是平手了。"源源说："每次我们都是看大人写的图书，我们也可以一起制作剪纸小图书。"其他小朋友听了也想一起来制作剪纸小图书，因此，我在美工区持续开展制作小图书的活动，为孩子们提供一些他们耳熟能详、故事场景清晰、人物简单的内容供他们选择。

二、活动预设目标

1. 学会看剪纸标志，尝试自己画样稿并进行大胆操作。
2. 剪剪、贴贴、说说合作完成剪纸小图书。
3. 了解惠州的剪纸艺术，萌发幼儿爱家乡的情感。

三、活动准备

（一）材料准备

1.普通幼儿剪刀（平头）、专业剪纸剪刀（尖头）、勾线笔、剪纸学习单、铅笔、托盘、彩色蜡光纸。

2.制作小图书的材料：剪裁好的白色卡纸两张、白色画纸若干、打孔机、塑料圈等。

（二）环境创设

1.在画板上展示一些和家长一起收集的各种民间剪纸作品，简单讲述剪纸作品的来源、作用及剪纸的方法等，以此激发幼儿剪纸的欲望。

2.教师与幼儿共同收集幼儿的各种剪纸作品，并分类布置在美工区，幼儿自由欣赏，交流自己对剪纸作品的认识和感受。

3.让幼儿欣赏剪纸小视频。

操作材料

操作模板

四、活动过程

（一）活动推进一：自制剪纸小图书

1. 幼儿进区游戏，教师观察指导

经过中班开展的一系列折、剪等活动后，到了大班孩子们还持续保持着对剪纸活动浓厚的兴趣，他们能够手眼协调地剪出光滑流畅的弧线、曲线，掌握了基本的剪纸符号，但他们已经不满足于四角、五角折剪的窗花了，大班孩子的小肌肉动作发展得更加成熟，他们更喜欢剪多变、好玩的作品。这次的区域活动中，裕裕很快地剪了一个心形，然后举着剪剩下的纸张说："看，怪兽。"大家都好奇的围在一起看怪兽，阅阅拿起剪刀和纸张，问老师："怪兽怎么剪，我也想剪怪兽。"老师本想接过阅阅手上的纸和剪刀引导，但老师放弃了，对阅阅说："你自己试试看，看看怎么剪可以剪出怪兽来。"阅阅剪了剪手上的纸张后，不知道怎么剪，于是放下纸张和剪刀，坐着看大家剪。此时裕裕和佳怡已经用对称剪剪了许多"怪兽"，阅阅将卡纸对折再对折，开始用剪刀剪，阅阅剪得很吃力。过了一会儿，他们喜欢将纸对折后，用铅笔设计一些对称的图形，除了剪一些"怪兽"外，还剪一些孩子们喜欢的图案，如：蝴蝶、花瓶、蜻蜓、树、花等。小朋友将剪好的作品进行拼摆，并自言自语地讲故事。老师："小朋友，

幼儿操作　　　　　幼儿作品

你们剪的是什么呀？如果把你们大家剪的图案拼贴成一本小图书，再编成小故事一定很有趣。"孩子们小声议论起来："那我们把它贴在那里呢？"裕裕看到制作图书的材料："可以贴这里呀。"于是每个小朋友都拿了一张白卡纸，急着把自己剪的图案贴在裁剪好的纸上，佳佳很快贴好了，说："我想再剪一些花贴在这儿。"她用不同颜色、材质的纸剪各种各样的花。其他小朋友也看了看自己的作品，也在增加图案。贴好以后，在老师的引导下孩子们利用打孔机在卡纸上打好孔，再用圈圈工具把作品都串起来，再帮小图书起个名字，剪纸小图书就完成了。

2. 活动分析

剪窗花只需孩子们将纸进行四角、五角、六角折后运用各种剪纸符号进行镂空，大班孩子对窗花图案变化缺少兴趣，因为它没有"生命力"，没有可玩性，好玩是孩子的天性，当裕裕发现了怪兽以后，他们惊喜地发现折剪出的图案变化有趣，并尝试自己设计对称的图形。对于第一次制作剪纸小图书，孩子们虽然特别感兴趣，但合作意识不够强，孩子只顾把自己的剪纸作品贴纸在一张纸上，制作的剪纸小图书主题不够突出。

（二）活动推进二：制作剪纸图书《假日全家游》

1. 活动目标

（1）通过观察、比较、讨论等体验剪纸图书的特点，尝试共同制作《假日全家游》的剪纸小书。

（2）能运用折剪、画轮廓的方法进行创作。

操作材料

（3）能共同合理地使用各种工具、材料。

2. 活动材料

（1）提供不同难易程度的对称剪纸学习单。

（2）提供不同颜色、材质的纸，剪刀，铅笔等。

（3）为孩子们准备了制作剪纸小图书的材料及《假日全家游》的照片。

3.活动过程

孩子们在对折剪蝴蝶、花、树、人物的脸等图案的基础上，逐步学会看学习单一步一步地画样稿并剪下来。在班上主题《假日全家游》的活动背景下，孩子们萌发了自己制作《假日全家游》的剪纸小图书。区域活动中，毅毅看着小朋友的《假日全家游》的相片，说："相片里的这座山我也去过，有很多竹子的。"其他小朋友小声议论起来："我也去过这里的海边。"阳阳笑着说："那我们一起制作一本去游玩的图书吧！"于是，孩子们一起讨论剪纸图书的特点，尝试共同制作《假日全家游》的剪纸小图书，决定每一页游玩一个地方。在合作剪纸创作中，孩子们会商量好各自剪什么，关于比较难设计的图案，毅毅用一张白纸把相片里的图案遮住一半。他仔细观察另一半的图案后设计自己的样稿，最后小心翼翼地剪下来。慧慧的剪纸能力很弱，平时，她的剪纸作品经常只完成一半，阳阳还会主动教她，在能力强的孩子带动下，她也能完成作品了，从中体验同伴间互相帮助的快乐。

4.活动分析

在这次的剪纸创作中，孩子们边剪边创编故事，更喜欢他们自己的作品了。与同伴合作中，他们会商量好各自剪什么，关于比较难设计的图案，他们还会想办法解决。对于剪纸能力弱的小朋友还能主动帮助她，孩子们从中体验了同伴间互相帮助的快乐。但这次剪纸活动，孩子们的想象力受到了小朋友的《假日全家游》相片的限制，没有很好地发挥孩子们的想象力，在下一次的制作剪纸小图书活动中应该给予孩子更多的想象空间。

（三）活动推进三：共同制作剪纸图书《假日惠州游》

1.目标调整

（1）了解惠州的剪纸艺术，萌发幼儿爱家乡的情感。

（2）用折叠、开天窗等剪纸方法表现惠州景物的特点。

（3）协调同伴间的关系，将他们的剪纸作品进行组合，制作成一本包含惠州景点的小图书。

2. 活动准备

（1）普通幼儿剪刀（平头）、专业剪纸剪刀（尖头）、勾线笔、剪纸学习单、铅笔、托盘、彩色蜡光纸。

（2）制作小图书的材料：剪裁好的白色卡纸两张、白色画纸若干、装订机等。

（3）惠州景点的图片。

景点图片

3. 活动过程

这次的区域活动，孩子们对上次制作剪纸图书《假日全家游》意犹未尽，孩子们一进美工区就开始讨论，但对这次剪纸图书的主题意见不统一。我以同伴的身份加入其中，说："在大家制作的《假日全家游》中，我看到小朋友去了很远的地方游玩，惠州也是 座很美的城市，我们幼儿园就在美丽的西湖边上，你们还去过惠州什么景点呢？"佳怡很开心地说："对呀，我们可以剪贴一本《假日惠州游》呀？"其他小朋友都赞成。能力强的佳怡小朋友已经掌握了自己设计剪纸的技能，那些镂空图案早已不在话下，我就请她负责做这次活动的小组长，四位小朋友们开始着自己的设想，佳怡说："大家先来说说你们去过惠州的哪个景点玩？"这下，他们热闹地讨论开来，有的说："我去过丰渚园，里面有很多荷花。"也有的说："我跟妈妈去过红花湖，山上跟多小花、小草、大树，还有很大的湖。"讨论了一会儿，佳怡开始给他们一一分工，通过"黑影""镂空"两种主要的剪纸图形设计手段与幼儿剪纸相结合，她自己剪比较难的图案（宝塔、九曲桥等），阳阳剪自己喜欢的树，慧慧剪花、草等，在她的安排下，孩子们动手剪各种需要的图案。慧慧刚剪了一片花瓣，就嘴里嘀咕着："这花瓣是这样剪的吗？"佳怡听后，看见她有难剪的部分就帮助她一起完成，慢慢地，孩子们剪出了各种图案，接下来，他们又一起相互商量怎样把这些剪出的图案拼成惠州的景点，在商讨中，虽然有争论，在佳怡的协调组织下，完成了一幅幅作品后，再粘贴成小图书，有的小朋友想离开到别的区角玩，而阳阳说："我们一起来看着图当惠州小导游吧！"一旁的慧

幼儿作品

慧说："好呀，等会儿游戏结束时我们把各景点介绍给其他小朋友，问问他们有没有去过。"这次讨论的更热闹了，通过这次活动让幼儿在合作剪纸过程中既学会了谦让、谅解等交往合作技能，也学会利用各自的优缺点进行剪纸作品的互补。

4. 活动分析

据老师观察，有些孩子需要剪人物的时候，用的平头剪刀来剪镂空的五官是比较困难的，所以为孩子提供专业的尖头剪刀是很有必要的。孩子们只要在自己剪的作品稍微加工一下就能表现出景物和人物，他们的剪纸兴趣就更高涨了。

五、活动反思

从活动情况看，大班幼儿随着年龄的增长，知识面的拓宽，逐渐对一些民间艺术很感兴趣。剪纸的形态特征、生动有趣的美深深吸引了幼儿，他们非常乐于探索。在区域活动中，教师应该放手让孩子自由创造，自己动脑，会有很多意想不到的效果，有时老师只需要一些引导，孩子们就能领悟，应该给孩子们多一点发展空间。材料提供方面应该要做到材料的多样性、层次性，希望通过这次的活动，教师可从中找出更多方法、经验及不足，在以后的活动引导过程中更能让孩子们真正能够体验美工区活动中的乐趣。

六角雪花
大班剪纸活动

陈 颖

一、活动背景

剪纸是孩子们从幼儿园小班就开始接触的本土民间艺术活动之一，孩子们通过现场观看惠州剪纸艺术家苏定明先生现场剪纸、到南国书香节惠州展馆欣赏剪纸作品、欣赏活动室里老师寻找到的剪纸作品等，他们对惠州剪纸艺术有着浓厚的兴趣。从小班到中班孩子们已经能娴熟运用剪刀，有扎实的剪纸基础，掌握了对折剪纸、三折剪纸、四角剪纸、五角剪纸的方法及学会了用各种简单的图案进行镂空剪纸。

二、活动预设目标

（一）欣赏不同样式的雪花剪纸，了解六角雪花剪纸的外形特点。

（二）学习六角雪花剪纸的折、剪方法。

（三）体验剪纸的乐趣。

三、活动准备

（一）所需材料

剪纸作品、雪花剪纸步骤图、白纸、剪刀、雪花纹样模板。

（二）环境创设

用六角雪花剪纸作品作吊饰挂在美工区。

操作材料

四、活动过程

（一）活动推进一

1. 谈话活动

教师：小朋友们，今天老师带了很多不同样式的雪花剪纸给你们欣赏，你们来看看这些雪花剪纸有没有共同之处？那你们知道六角雪花剪纸是怎么剪的吗？现在老师来示范一遍给你们看，首先要折六角折纸（教授六角折纸的折法），再用线稿模板印在纸上画雪花纹样，接着拿剪刀沿着线稿剪，雪花剪纸就剪出来了。

2. 区域活动观察

刚介绍了六角雪花剪纸的折、剪方法，今天选择美工区的孩子们都说自己今天要剪雪花，个个都胸有成竹。孩子们拿起了纸开始折叠，但是把正方形的纸对角折后，石头和东东就不知道下一步怎么折了，坐在位置上等其他小朋友帮忙。这个时候轩轩和彤彤已经把六角雪花剪纸折剪好了，满心欢喜地要把折纸打开给我看，可是打开后发现她们的六角雪花变成了四角雪花。于是，我安慰轩轩和彤彤："没关系的，刚才你们应该是没把边折齐，没把位置对准。正好石头和东东也忘了要怎么折，我们现在一起跟着老师学折纸，不要急着剪！"

3. 活动分析

孩子们初次接触六角雪花剪纸很感兴趣，但是从我观察的整个过程中发现情况不像我预期中那么好。六角折纸对于小朋友来说还是有一定难度，在活动中我发现孩子们没掌握好折纸的方法，就一步一步分解教孩子们折纸的方法，确保孩子们能完全掌握。

4. 活动调整

（1）在美工区粘贴六角折纸的图解步骤。

（2）把六角折纸的视频放在班级微信群，让孩子们在家可以跟着教学视频学折纸。

（二）活动推进二

1. 区域活动观察

睿睿、浩浩、曦曦等几个小朋友在认真地折纸，现在孩子们已经完全掌握了六角雪花剪纸的折纸方法。折纸完成后，孩子们选择了自己喜欢的雪花纹样模板印画在纸上，接着小心翼翼地进行剪纸。不一会儿就把剪纸剪好了，小朋友们兴奋地打开自己的剪纸，睿睿和浩浩的都剪得很漂亮，可是曦曦的剪纸打开后却四分五裂掉在地上。看到其他小朋友都剪出了漂亮的雪花剪纸，曦曦的雪花却剪失败了，她非常不开心。我让曦曦重新折纸、画纹样，陪她一步一步地剪，提示她剪雪花图案时要保留连接点，不要全部都剪掉。

2. 活动分析

大班的孩子们领悟能力强，在上次活动结束后孩子们都积极在家练习六角雪花的折纸及剪纸方法，所以很快孩子们就掌握了折纸方法。但学会了六角折纸并不意味着就能剪出漂亮的雪花，因为六角雪花剪纸的纹样比较复杂多样，稍微不小心剪错了，就会造成剪纸无法成形。所以在剪纸时剪的方法要正确，使用剪刀要熟练、灵活且有技巧，剪图案时要保留连接点。

3. 活动调整

由于雪花纹样复杂多样，可以建议孩子们在画好的纹样上涂上浅色的阴影，方便剪纸时确认连接点的位置。

（三）活动推进三

1. 区域活动观察

为了更好展示孩子们的作品，我决定让孩子们用雪花剪纸进行创作拼贴画。我特意在网上寻找了许多雪花剪纸的图案给孩子们欣赏，也给他们欣赏了一些主题剪纸粘贴画。想让孩子们发挥创意，用剪纸来创作一幅冬日雪景的主题粘贴画。孩子们听到这个提议都有兴趣参与，经过一番讨论后，他们决定剪各种不同大小的雪花。分工明确后，大家都动手操作起来了，不一会儿大家都把自己负责剪的雪花剪纸剪好了，面对桌面上许多大小不同的雪花剪纸，他们不知道应该怎么贴成一幅画。孩子们将雪花摆在纸上，发现白色的雪花如果贴在白色的纸上会看不出雪花的纹样，又想在这幅雪花拼贴画中加一个雪人，于是孩子们觉得要涂一个天蓝色的底色，再把雪花和雪人贴在上面。商量好后大家赶紧分工合作，不一会一幅充满冬日气息的雪景图就呈现出来。

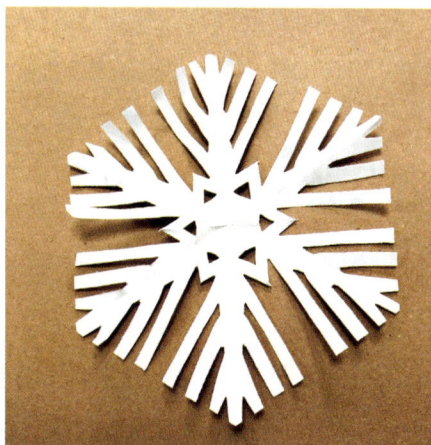

幼儿作品

2. 活动分析

在活动中，孩子们已经完全掌握了六角剪纸的方法，能熟练剪出自己想要的雪花样式。他们会互相合作、讨论及进行明确分工，在创作雪花剪纸贴画中，孩子们还会结合自己的生活经验，丰富画面内容。

3. 活动调整

（1）可以给孩子们提供有颜色的卡纸作为粘贴画的背景。

（2）提供一些雪中场景的装饰物给幼儿装饰画面。

五、活动反思

我们从孩子们生活中感兴趣的事物出发，结合主题设计了本次活动。剪纸活动需要孩子们手脑并用，通过折纸、画线稿、剪纸等步骤才能完成。六角雪花剪纸对孩子们来说是有一定难度的，在活动中发现问题后我不断总结及时调整活动内容和指导方法，在孩子们掌握六角雪花剪纸的基础上，进一步激发孩子们的兴趣，激励孩子们大胆创造，创设展示孩子们作品的机会，让孩子们用剪纸创作主题拼贴画。这样不仅能提高孩子们的动脑思考能力，还可以提高孩子们的合作能力及构图能力。

美丽的蝴蝶

大班剪纸活动

张晓婷

一、活动背景

大班的幼儿对剪纸有着浓厚的兴趣，美工区新投放的蝴蝶剪纸引起了幼儿的好奇。因此围绕蝴蝶这一主题，让幼儿通过多种方式加深对蝴蝶外形特征的了解，通过多种表现形式展示蝴蝶的美。

二、活动预设目标

（一）掌握蝴蝶对称剪纸、镂空剪的技巧。

（二）尝试进行蝴蝶连剪的方法。

（三）提高幼儿的剪纸技能，增强动手操作的能力，促进幼儿的想象力和创造力。

三、活动准备

（一）材料投放

剪纸线稿图、蝴蝶模板、蜡光纸、彩纸、剪刀等。

操作材料

（二）环境创设

美工区设置具有浓厚本土特色的区域隔断。

环境创设

四、活动过程

（一）活动推进一：蝴蝶对称剪纸

1.观察分析

大班孩子很喜欢剪纸，在区域活动时，从最简单的对称剪纸入手，引导孩子们认真观察对称剪纸——蝴蝶，再拿起对称剪纸蝴蝶的线稿图案开始流畅的剪。孩子们都能认真完成各种蝴蝶造型的对称剪纸，经过长时间的积累练习，孩子们都能熟练地掌握对称剪纸。但这看似简单的活动，却引发了许多存在的问题。孩子们一旦离

幼儿操作

开了这种对称剪纸线稿图案，把纸对折后，左右没有对称很难剪出漂亮的蝴蝶。

2. 分析与思考

让幼儿欣赏生活中的蝴蝶图片和剪纸蝴蝶的作品。先让孩子们对对称剪纸有一个清晰的布局思维，了解两边对称蝴蝶特征和剪纸方法。其次正确引导幼儿通过已有的经验，多次尝试后，能把蝴蝶沿着对折线画大，做到先思考后下笔。

3. 调整措施

（1）提供多种蝴蝶样式的剪纸供大家欣赏。

（2）因势利导给幼儿提供一些模板，让他们把纸对折一次后，通过临摹的方法画下来，进行花纹设计，再仔细用剪刀剪下来。

（二）活动推进二：利用蝴蝶模板，创意镂空剪

1. 观察分析

有了之前经验的积累，孩子们在区域活动时，各自选择自己喜欢的蝴蝶样式模板，然后照着模板临摹下来。有了模板的帮助，孩子们对剪纸有了更浓厚的兴趣。有了经验的提升，我给小朋友增加了难度，临摹了蝴蝶之后，孩子们添画进行镂空剪。孩子们都是随意镂空，出来的作品大同小异，没有特别的亮点。

幼儿操作

2. 分析与思考

随着剪纸活动的逐步开展，难度也在不断提升。孩子们掌握了剪纸的画法，却没能很好地掌握镂空剪法，添画的花纹很丰富，但是却画得太小，而孩子们不能很好地使用剪刀进行细微部分的处理。让我意识到要给孩子一个正确的引导。

3. 调整措施

（1）先想好自己需要镂空的部分怎样画，可以添加一些什么才能使自己的剪纸更加美观，做到心中有形，心中有画，心中有数。

（2）让家长和幼儿在家里共同合作，一起完成有趣的对称剪纸，幼儿和同伴分享自己的作品，在分享的同时有意识地去观察别人作品的不同之处，从中比较，再次调动他们的兴趣。将作品展示于课室进行环境布置。

（3）鼓励幼儿大胆发挥想象力，自由进行镂空创意剪。

（三）活动推进三：蝴蝶连剪

1.观察分析

有了前期剪纸的基础，从开始的线稿图形剪，临摹对称镂空剪，孩子们基本上都能够进行剪纸活动。活动的持续开展就会有难度的延伸，让幼

幼儿操作　　　　　　　　　　　　作品展示

儿脱离模板自行设计创意蝴蝶造型，尝试进行蝴蝶连剪。

2.分析与思考

大班幼儿的剪纸，主要通过幼儿自画样稿，剪出各种作品，并发展幼儿创新能力、想象力和动手能力。孩子们在完成作品的基础上，可以变化

创作的表现形式，可以尽量做到多样化展示。

3.调整措施

（1）不再在单一的纸张上剪纸，换种形式，让幼儿尝试更多方法剪纸。

（2）树立信心，给幼儿营造了一种轻松、自由，且利于交流的氛围，不断鼓励幼儿，重视每个幼儿的艺术创作，并及时给予表扬。

五、活动反思

剪纸活动强调的是幼儿生活和社会生活的紧密结合，帮助幼儿从自己已有的生活经验中选出自己感兴趣的内容，注重幼儿的感受与体验，我将幼儿的兴趣点与蝴蝶剪纸相结合，形成了一个有趣的区域活动。幼儿通过自己的一双小手剪出了各种漂亮的蝴蝶。不管剪出来是简单的还是复杂的图案，都是小朋友的代表作，他们付出的努力应该得到欣赏和肯定。每一次剪纸都要求幼儿在一开始就要做到心中有形，心中有画，心中有数，这样做有利于不断培养幼儿的思维能力，拓展他们丰富的想象力，并且学会在做任何事情前都有目的性、整体性。